現代心理学シリーズ

今田 寛・八木昭宏 監修

11

心理統計 I
記述統計とt検定

嶋崎 恒雄・三浦 麻子 共著

培風館

本書の無断複写は，著作権法上での例外を除き，禁じられています。
本書を複写される場合は，その都度当社の許諾を得てください。

監修のことば

　今田寛・宮田洋・賀集寛が中心になって編集執筆し，培風館から出版された『心理学の基礎』が最初に刊行されてちょうど10年になる。幸い好評で毎年全国の多くの大学・短大でテキストとして用いていただき，5年前には改訂版も出すことができた。少しオーソドックス過ぎるかとの懸念もあったが，われわれの基礎重視の方針に共鳴して下さる多くの先生方がテキストとしてご使用下さり，この場を借りて心から感謝を申し上げたい。

　そして10年。この間には文部省の大学設置基準の大綱化などがあり，それに伴って多くの大学・短大でカリキュラムの再検討と改変がなされた。その一つが半年ものの授業の増加ではないかと思う。今回のシリーズは，第一にこのような半年ものの授業のテキストとして企画された。したがって「薄い」ことが一つの条件であって，その分，取っつきのよいトピック別入門書としての役目を果たしてくれることを願っている。

　第二に，本シリーズの読者としてわれわれが念頭においたのは，一応心理学の入門を勉強して，各トピック別にもう少し突っ込んだ勉強をしたいと思っている人たちである。もちろん中には心理学全体の予備知識がなくても読めるものもあるが，その場合でも心理学の入門コースを履修した上での方が理解はよいであろう。

　第三に本シリーズの構成と取り上げたテーマについてであるが，全16巻を「基礎編」10巻と「特論編」6巻に大別した。基礎編では，まず先の『心理学の基礎』で取り上げたテーマについて各1巻を当てた。したがって内容的に先の書と部分的に重なる場合がないわけではない。さらに「基礎編」には，先の書で割愛せざるを得なかった発達，社会，臨床の3テーマを追加した。「特論編」には心理統計2巻，心理学とコンピュータに関して1巻，そして最近話題の老人，健康，食行動の心理学について各1巻を当てた。さらに必要と要望に応じて20巻くらいまで増やす可能性を残している。ご意見を賜りたい。

　本シリーズは，『心理学の基礎』を幹とするならばそれから伸びた枝といえ

るであろう。多くの読者がその木陰で心理学をお楽しみ頂きたい。

1996年夏

監修者　今　田　　　寛
　　　　八　木　昭　宏

追　　記

　本「現代心理学シリーズ」のトップを切って　2『脳と心』（数字は巻番号）が出版されたのが1996年。続いて1997年には，3『学習の心理学』，5『言語と記憶』，6『知覚と認知』，7『発達心理学』，9『社会心理学』，14『老年心理学』，15『健康心理学』，16『食行動の心理学』の8巻が刊行された。しかしそれ以降は諸般の事情で本シリーズの刊行は滞り，ようやく2010年に8『パーソナリティ』が刊行され，既刊11，未完5が現状である。幸い既刊のものは広く用いていただき，14『老年心理学』は2011年に改訂版が刊行となり，既刊10巻の総発行部数も10万部となっている。大きな喜びであると同時に心から感謝申し上げたい。

　本シリーズは，長年多くの方に用いられてきた『心理学の基礎』をベースにして，その中の各章のトピック，また入門書としてはカバーしきれなかったトピックを各論的に取り上げ，半期用の専門入門テキストとして企画されたものである。スタンスとして『心理学の基礎』での基礎重視の姿勢は崩すことなく，しかし社会の要望に応えることを目指してきた。

　今回の『心理統計Ⅰ』は，すでに発行している下巻の『心理統計Ⅱ』とともに，心理学実験や調査で必要となる統計手法を紹介するものである。この2巻を通して，統計学の基本的な理論を学び，各種分析方法を心理科学の研究に活かすことができるようになることを目指してほしい。昨今，統計専用のパッケージソフトが簡単に手に入れられるようになっていることを考慮し，フリーソフトRのプログラムも掲載している。なお諸般の事情で，Ⅰ，Ⅱの刊行の順序が逆になったことをお許しいただきたい。

　今後も未完の5巻の完成を急ぎたい。ただ企画された1996年当時とは社会情勢も変化し，それに合わせて残る巻も多少の見直しを行っている。引き続きご期待いただきたい。

2015年4月

監修者を代表して　今　田　　　寛

まえがき

　本書は心理科学や行動科学，およびその関連領域を専攻する学部学生を対象にした，統計的仮説検定のテキストである。この専攻分野ではカリキュラムに実験や実習が含まれることが多い。また，卒業研究などで実証的なデータ収集をもとに論文を書くことも多い。そのため，道具としての統計学について，ある程度の知識と技術が必須である。

　しかし文系，理系といった色づけがまだまだ根強く残っているわが国では，心理科学系の領域は文系であるという意識が強い。そのため多くの新入学生にとって，統計学は嫌悪刺激以外のなにものでもない。しかしこれは食わず嫌いである。いったん食べてみると，統計学は単にデータの分析だけでなく，いろいろなことに示唆を与えてくれる，非常に旨いものである。

　多くの初学者が統計でつまずくのは目新しい用語や概念がたくさん登場し，しかもそれらに基づいてさらに目新しい用語や概念が登場する点である。このことが統計を難しいものだと感じるようになる主要な原因になっている。しかしこれは，一歩ずつ着実に理解していけば誰もが理解できることの裏付けにもなっている。本書は第一にこのことの手助けになるように企図して書かれている。数式は統計における新しい概念や用語を一番効率よく表現する手段である。したがって本書では数式をあまり遠慮することなく用いた。

　数式は一見いかつく見えるが，少しだけ我慢して慣れていくと簡潔でわかりやすい記述方法である。また，本書より高度な内容（初等的でない検定や多変量解析，尺度構成など）の教科書を読む際にも，本書で得た知識と技術が役に立つと考えている。

　本書は基礎的な記述統計の履修が終わった学生を対象にしている。まず1章では記述統計の基本的な事項について解説をしている。2章以降は推測統計の基礎を理解する上で重要となる母集団と標本について解説し，統計的仮説検定の原理の説明を行ってから，t検定，χ^2検定などの初等的な検定について書かれている。II巻では2要因までの分散分析の原理とその下位検定である多重比

較について，利用頻度の高いノンパラメトリック検定とその他のいくつかの検定について，検定結果を解釈するに当たって必要とされる検定力と効果量の概念について述べている．I，II 巻ともに統計的仮説検定を扱う際の原理の説明を重視し，フリーソフトのRを用いてほぼ全ての数値例についての計算方法を補遺として載せた．I，II 巻と併せて用いることによって，統計がより身近に感じられるようになっていただければ幸いである．

　このI，II 巻はそれぞれおおよそ半期（14回程度）の講義のテキスト，あるいは予復習のための副読本となることを想定した．また補遺には本編で触れることのできなかった事項について載せている．しかし，本書の少なくとも本編を理解するためには中学校卒業程度の数学の知識があれば十分である．本書を執筆するにあたっては以下のことを特に心がけた．

原理と数値例，実際の計算

　統計に関する計算は，実際にはパソコンの種々の統計パッケージがやってくれる．しかしこれらのソフトウェアは専門家のための道具，すなわち自分が何をやっているのかしっかりとわきまえている者のための道具である．

　本書ではそのため統計的仮説検定を扱う際の原理の説明を重視した．統計学は応用数学の一分野であるから，原理の説明には通常，数式や記号が登場する．本書でも数式や Σ などの記号を用いるが，同時にそれが何を意味するのかという点についても数値例を用いて十分に理解できるようにした．

　数値例には簡便に電卓や表計算ソフトウェアなどを用いても計算ができるような例を用いた．しかし実際には実習などで集めたデータを電卓片手に処理するわけにもいかない．そのため補遺ではRという統計処理環境で本書の数値例を計算したものを載せている．Rは基本的にコマンドを使う処理系であるので，最初は少し敷居が高いかも知れない．しかしグラフィックスの機能とともに，現在望みうるほぼ最上の統計処理ソフトウェアであり，Windows や Mac OS を含むさまざまな OS やプラットフォームの上で使うことのできる無償のソフトウェアである．またインストールもインターネット経由で非常に簡単にでき，さらにある程度の GUI（graphic user interface）を用いることもできる．Rは本書での内容の次のステップである多変量解析やその他の新しいデータ解析法にも素早く対応している．読者も是非Rを使ってデータ処理とデータの図示を楽しんでほしい．

扱うトピック

　先にも触れたが本書はほぼ初等的な統計的仮説検定の説明に的をしぼった．また扱う手法も，実際のデータ分析の際によく使われる方法に限った．

本書の用い方

　本書は講義のテキストや副読本，あるいは独習書としても使えることを企図して，本編と補遺の2部構成とした．またフリーソフトのRを用いて本書のほぼ全ての数値例の計算や簡単なグラフなどの図示の方法を解説した．例えば講義では本編のみを使用し，関連する知識については補遺を用いる，というような使い方ができるであろう．

　筆者は実験心理学が専門であるが，記述統計と推測統計をいくつかの大学や大学院で長い間講義を行ってきた．統計学，なかでも推測統計の基礎のあたりまでは積み上げ式の講義をせざるを得ない．しかし学生諸君は幅広い背景と動機づけを持っており，淡々と知識を提供するだけではどうしても単調さからくる馴化を招いてしまう．そのような経験から本書では各トピックについて，トピックの目的や論理の流れをできるだけわかりやすく書いたつもりである．ただこのため，本書はいわゆるクックブックとしては多少回りくどいかも知れない．

　本書を通じて読者がデータを分析することのおもしろさを実感でき，統計学の理解とさらに深い学習への，そして心理科学領域の学生の学習と研究の手助けになれば幸いである．

　　2015年4月

　　　　　　　　　　　　　　　　　著者を代表して　　嶋　崎　恒　雄

目　　次

1 章　記述統計の基礎 ………………………………………………………………… 1
　1-1　変数とデータ，尺度水準　1
　1-2　代 表 値　4
　1-3　散 布 度　9
　1-4　分　　布　12
　1-5　データの標準化　16
　1-6　正 規 分 布　18
　1-7　標準正規分布とそのグラフの面積　20
　1-8　相　　関　21
　1-9　回 帰 直 線　23

2 章　推測統計の基礎：母集団と標本 ………………………………………………… 26
　2-1　母集団と標本　26
　2-2　標 本 抽 出　28
　2-3　母集団と標本分布　28
　2-4　母集団分布，標本分布と正規分布　30

3 章　統計的仮説検定 ………………………………………………………………… 32
　3-1　検定の倫理　32
　3-2　検定統計量の解釈　35
　3-3　統計的仮説検定の手順と用語　36
　3-4　検定に関する概念　38
　3-5　決定の際の 2 種類の誤り　40
　3-6　2 種類の誤りへの対処　42

4 章　t 検定：2 つの平均値に関する検定 …………………………………………… 45
　4-1　要因と水準：データの構造　45
　4-2　t 分布：新しい標本分布　47
　4-3　1 つの変数についての t 検定：1 つの変数の平均値が 0 であるか否か　49
　4-4　対応のあるデータについての t 検定　52
　4-5　対応のないデータについての t 検定　54
　4-6　参加者マッチング　58
　4-7　t 検定を実施する際の注意点　58
　4-8　等分散性についての検定とウェルチの検定　59
　4-9　検定を連続して使用する場合の問題点　61

5章　度数と比率についての検定：χ^2 検定 ……… 62

 5-1　分 割 表　62
 5-2　適合性の検定　65
 5-3　変数の独立性の検定　67
 5-4　対応のない2つの比率の等質性の検定　73
 5-5　残 差 分 析　74
 5-6　対応のある2つの比率の等質性の検定　76
 5-7　対応のある3つ以上の比率の等質性の検定　77
 5-8　コクランのQ検定の後の多重比較　80

補遺 ……… 85

 1．加算記号(Σ)の計算と偏差の総和　86
 2．標準得点の平均と標準偏差　91
 3．確率変数と分布　95
 4．統計的推定　103
 5．実際の計算：Rを使って　110

付表 ……… 141

 A　標準正規分布の面積　142
 B　t 値の臨界値　144
 C　χ^2 の臨界値　145

Rに関する参考文献 ……… 146

索　引 ……… 147

1章　記述統計の基礎

　本章では，記述統計の基礎的な事項を説明する。記述統計では主にデータの数量的性質の把握と，データの図示，すなわち視覚的表現を扱う。この章では特に数量的性質に関して，2章以降の推測統計の理解のために必要になる事項を重点的に説明する。データの図示方法については補遺5を参照してほしい。

1-1　変数とデータ，尺度水準

　われわれは，関心をもつ研究対象(群)について実験や調査などによって測定を行い，それを記録する。この行為こそが「データを収集する」という行為にほかならない。そして，測定された値の集合のことを**変数**(variable)といい，測定値はその変数の**値**(value)とよばれる。たとえば，あるイヌの名前はBaku，性別はオス，体高は45 cm，体重は5.5 kgであるとすると，名前，性別，体高，体重は測定した変数であり，Baku，オス，45 cm，5.5 kgがそれぞれの変数の値である。

　測定値というと数値であるというイメージが強いかもしれないが，数値のみではなく記号や文字列なども値となりうる。Bakuやオスがその典型例である。また値を指してデータという語が使われることもあるが，多くの場合，変数とそれに対応する値をまとめたものを集合的にデータとよぶ。つまり「データを収集する」ことは「変数の値を測定する」ことであると言い換えることもできる。

　変数はそれが持つ情報の性質によって4種類の**尺度水準**(単に**尺度**ともいう)に分類される (Stevens, 1946)。尺度とは関心の対象にあてる「モノサシ」のことであると考えればわかりやすいだろう。尺度によって使うことのできる統計手法が異なるので，あるデータがどの尺度に属するかを正しく見極めることは非常に大切である。

（1） 名義尺度

名義尺度(nominal scale)の変数の値は，単なるラベルとしての意味しかなく，大小関係などの順序性を持たない。値としては記号が用いられることが多い。もし数値が用いられていても，それらには本来の数値が持っている順序性がなく，単なる記号である。したがって値に対して四則演算(加算・減算・乗算・除算)をすることはできず，値は互いに「同じ」か「異なる」かの判断しかできない。また，値はしばしばカテゴリとよばれることもある。

例としては，性別や住所，はい／いいえの回答などがある。自動車のナンバーや電話番号なども，値として数字が割り振られているが，大小を議論することはなく，名義尺度の変数の典型例である。

（2） 順序尺度

順序尺度(ordinary scale)の変数の値は，名義尺度の性質に加えて，値の間の順序性を決めることができる。たとえば成績を表す秀・優・良・可・不可や席次，着順などがある。

順序尺度の変数の値にはしばしば数値が用いられるが，値の加減算はできない。したがって平均席次などの計算はできない。

しかし，心理科学をはじめとする行動科学の分野で順序尺度のデータが用いられる場合，しばしばそれを次に述べる間隔尺度や比例尺度のデータと見なし，値に対して四則演算を行う場合がある。このような場合には，データの数が十分に多いなどのように，その変数を間隔尺度と見なす十分な根拠がなくてはならない。

（3） 間隔尺度

間隔尺度(interval scale)の変数の値は，順序尺度の性質に加えて，値の差が等しいという**等間隔性**を持っている。たとえば摂氏(セ氏)の温度(℃)は順序性を持つ尺度であることに加えて，10℃と20℃の間隔は20℃と30℃の間隔に等しく，等間隔性を持っていると言える。西暦や元号の年数なども間隔尺度の変数の例である。等間隔性を持つことにより，値同士の加減算を行うことができる。2つの値の関係について，たとえば「今日の最高気温は20℃で，昨日の最高気温25℃と比べて5℃低かった(20 − 25 = − 5)」と表現することができる。

ここでの値は数値であるが，0には「そのものがない」というような性質はない。たとえば摂氏の0℃は水の凝固点という意味で決められており，0℃は

「温度がない」状態を指すわけではない。また華氏（カ氏）の温度（°F）も同様で，0°Fは考案者ファーレンハイト（Fahrenheit, G. D.）が測定することのできた屋外の最低気温が元になっている[1]。

（4） 比例尺度

比例尺度（ratio scale：あるいは比率尺度）の変数の値は，間隔尺度の性質に加えて，**0が「そのものがない」という性質**を持っている。例としては通貨が挙げられる。どこの国の通貨でも0は「お金がない」ことをあらわしている。このような0のことを**絶対0点**あるいは**原点**という。

絶対0点という基準点があるため，比率尺度の変数の値同士は加減算だけではなく乗除算を行うことができる。たとえば通貨の例を挙げて考えてみよう。日本円（JPY）とマレーシア・リンギット（RM）は，原点である0は同じ「お金がない」状態であり，1リンギットは32.15円，すなわちRMの1単位はJPYの32.15倍（2015年3月30日現在）である。つまり，両者の関係は式（1-1）のような倍数で表現することができる。

$$RM = 32.15 \times JPY \tag{1-1}$$

長さや時間，重さ，明るさなどの物理量や，個数，金額などは比例尺度の変数の典型例である。

（5） 心理・行動データの尺度水準

心理尺度は，本来は順序尺度である。たとえば「あなたは彼女を愛していますか」という設問に対して「1. 愛している」から「5. 愛していない」までの5段階で問う項目の選択肢同士の関係について考えてみよう。「1. 愛している」と「2. まあ愛している」との差は，「4. あまり愛していない」と「5. 愛していない」との差とは，異なるかもしれない。また，そういった差は，人によって異なるかもしれないし，聞かれた時の状況や気分によっても異なるかもしれない。となれば，これは順序尺度として取り扱うことが相当であろう。

しかし，そうなるとデータ同士の四則演算ができず，その後のデータ分析の幅が大きく制約されてしまう。そこで，ほとんどの心理学者たちは，できる限り多くのデータを集めることによってそうした差のばらつきをできるだけ「均

---

1) 100°Fはその時のファーレンハイトの体温であったという。

(なら)す」努力をすることで間隔尺度と「みなし」て，計算処理をおこなっている。

(6) 変数の分類

変数はさまざまな視点から分類することができるが，心理科学とその周辺領域で最も重要な分類は「操作と測定」という視点である。

実験研究などで研究者が操作する側の変数を**独立変数**(independent variable)，測定の対象となる変数を**従属変数**(dependent variable)という。独立変数以外で従属変数に影響を与える可能性のある変数を**剰余変数**(extraneous variable)とよぶ。剰余変数は実験や調査でのデータ収集の際に適切な手段を用いて統制(control)しなければならない。統制とは，剰余変数が従属変数に与える影響を排除することをいう。なお，調査研究のように研究者が操作するという言い方があまり適切でない場合には，独立変数を**説明変数**(explanatory variable)，従属変数を**目的変数**(criterion variable)という場合がある。

また，尺度水準との関連でいえば，名義尺度の変数を**質的変数**(qualitative variable)，それ以外の尺度水準の変数を**量的変数**(qualitative variable)とよぶ。

1-2 代表値

たとえば50名の学生に100点満点のテストを行い，その得点を測定したとしよう。偶然に全員が同点になる可能性もあるものの，通常その得点は0以上100以下のさまざまな値をとる。表1-1は50名の学生の得点の値(仮想例)である。この例では50個の値がならんでいる。このデータの個数のことを**度数**(frequency)とよぶ。

表1-1 50名の10点満点のテストの得点

63	70	80	67	64	52	82	66	52	89
65	94	59	59	66	65	69	81	54	59
88	64	47	69	56	72	59	68	80	70
73	81	76	73	72	66	71	60	71	65
80	86	62	60	77	64	73	90	70	72

このデータをただ眺めるだけでは得られる情報は少ない。そこでさまざまな方法を用いてデータの性質を記述することになる。そうした方法を記述統計といい，記述に用いる値を記述統計量あるいは要約統計量という。記述統計量の中で最も頻繁に用いられるのが平均値である。

例からもわかるように，データはさまざまな値を取り「ばらついて」いる。そのため，多数のデータを1つの記述統計量で代表して表すことができれば便利である。このような記述統計量のことをデータの**代表値**あるいは**中心的傾向**(central tendency)とよぶ。以下では，算術平均値，調和平均値，中央値，最頻値について説明する。

(1) 算術平均値

算術平均値(arithmetic mean)は**平均値**，あるいは**平均**(mean)ともよばれ，多くの場合，変数名の上に横線をつけて$\overline{X}$のように表す。算術平均値は，データの中心的傾向をあらわす値のひとつであり，広く用いられており，

$$\overline{X} = \frac{1個目のX + 2個目のX + \cdots + N個目のX}{度数(データ数)} = \frac{Xの総和}{度数} = \frac{\sum_{i=1}^{N} X_i}{N} \quad (1\text{-}2)$$

と表される[2]。ここでNは度数(データの個数)であり，X_iは変数Xのi番目の値である。この式は「データの総和(全てのデータを足し合わせたもの)を度数で割ったもの」が平均値であることを表している。平均値は比例尺度と間隔尺度で算出することができるが，前述したとおり，心理尺度などでは便宜的に本来は順序尺度のデータを間隔尺度あるいは比例尺度と見なして算出する場合もある。名義尺度の値は四則演算(ここでは加算や除算)ができないので平均値を求めることができない。表1-1のデータでは総和は3471，平均値は69.42である。成績の変数名をXとすると，

$$\sum_{i=1}^{50} X_i = 63 + 70 + \cdots + 70 + 72 = 3471, \quad \overline{X} = \frac{3471}{50} = 69.42 \quad (1\text{-}3)$$

となる。

---

[2] 加算記号(Σ)については補遺1参照。Excelでは算術平均を関数AVERAGEで求めることができる。

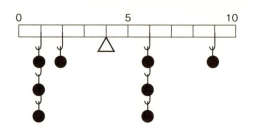

図 1-1 おもりのつり合いと平均値

　さて，算術平均値とはどのような意味をもつ統計量なのか，次のたとえ話から考えてみよう。皆さんは，小学校でおもり（錘）のつり合いについて習ったことがあるだろう。図 1-1 は，●がおもりで△が支点である。このようなおもりは，棒の重さを考えなければ左右がつり合う。おもりがつり合っているかどうかは，それぞれのおもりの重さと支点からの長さをかけた値を，支点の左右について計算し，それが同じ値になれば「つり合っている」と判断できる。もし片方の値が他方の値より小さければ，棒は値の大きな側に傾く。図では 4 の位置を支点としておもりがつり合っている。

　ここで，棒につり下がっているおもりの数をデータの個数，おもりの位置をデータの値と考えてみよう。1 の位置に 3 つ，2 に 1 つ，6 に 3 つ，9 に 1 つのおもりが下がっている。支点から各おもりの位置までの距離を計算するのに，便宜的に支点の左側の距離をマイナス，右側をプラスであらわすことにすると，支点の左側で「おもりの個数」と「支点からの距離」の積を足し合わせた値 $(-3) \times 3 + (-2) \times 1 = -11$ は，同じく右側では $2 \times 3 + 5 \times 1 = 11$ となる。そして，

　　　　1, 1, 1, 2, 6, 6, 6, 9

の平均値は 4 であり，支点の位置の値と一致する。つまり，左右のおもりがつり合う支点は常にデータの平均値になる。

　実は，平均値は力学の概念であるモーメント（ある点または軸のまわりに運動を引き起こす能力）と関連が深く，1 次のモーメントとよばれるものである。ちなみに次節で紹介する分散は 2 次，分布の歪度は 3 次，分布の尖度は 4 次のモーメントである。統計学に限ったことではないが，ある分野の概念が実は別の分野では違った名称でよばれ，違った扱いを受けている例は数多くある。このことは統計と直接の関係はないが，心理科学を学ぶ上で非常に示唆的であ

る．

平均値とともに重要な概念は**偏差**(deviation)である．偏差(d)は，

$$d_i = データ - 平均 = X_i - \overline{X} \qquad (1\text{-}4)$$

のように，各々のデータから平均値を引いた値である．式に添え字が書いてあるように，ひとつのデータに対してひとつの偏差が求まる．平均値のおもりの例から直感的にわかるように，**偏差の総和（各々のデータから求めた偏差をすべて足したもの）は常にゼロになる**[3]．このことは次に述べる分散の概念と関係することなので重要である．

通常，偏差というデータと平均値の差，すなわち各々のデータが平均値からどの程度離れているかを表す量である．これをもう少し一般化して「基準」とよび変えてみよう．もちろん平均値は情報量の多い代表値なので「基準」として申し分ない．

II巻の分散分析の説明のところでは，さまざまな「基準」に基づいた「偏差」を用いる．偏差は，すべてのデータが共通に持っている「平均」の成分に加えて，各データが個別に持っている「個性」の成分であると考えてもよい．このため偏差は，本書で扱う統計手法のみならず，多変量解析とよばれるより複雑な変数間の関係を解き明かすための統計手法でも重要な役割を担っている．

（2） 調和平均値

調和平均(harmonic mean)は，集団の代表値として用いることはほとんどないが，いくつかの統計手法で用いられる．II巻の3, 4章の多重比較で用いる．

たとえば120kmの道のりを往路は時速40kmで，復路は時速60kmで往復したとしよう．このときの平均速度はどうなるだろうか？ 単純に時速40kmと時速60kmの算術平均として時速50kmとすると，往復240kmの移動には4.8時間かかることになる．しかし実際には，往路に3時間，復路に2時間の計5時間がかかっている．

このような場合に調和平均を用いることになる．調和平均 $\overline{X}_H$ は，

---

[3] 詳細は補遺1参照．

$$\overline{X}_H = \cfrac{1}{\text{データの逆数の算術平均}} = \cfrac{1}{\cfrac{1}{N} \cdot \sum_{i=1}^{N} \cfrac{1}{X_i}} = \cfrac{N}{\sum_{i=1}^{N} \cfrac{1}{X_i}} \quad (1\text{-}5)$$

のように「データの逆数の算術平均の逆数」である[4]。

時速 40 km と時速 60 km の調和平均は,

$$\overline{X}_H = \cfrac{N}{\sum_{i=1}^{N} \cfrac{1}{X_i}} = \cfrac{2}{\cfrac{1}{40} + \cfrac{1}{60}} = \cfrac{2}{\cfrac{3+2}{120}} = 48 \quad (1\text{-}6)$$

である。往復 240km の道のりを平均時速 48km で移動すると 5 時間かかることになり,調和平均を用いると往路と復路の所要時間の合計を正しく求めることができる。

(3) 中央値

データを昇順あるいは降順[5]に並べたときに,ちょうど中央にある値を**中央値**(median)とよぶ。データの個数が奇数の場合には,ちょうど中央に位置する値をすぐに求めることができる。しかしデータの個数が偶数の場合はちょうど中央に位置する値が存在しない。この場合はデータの個数を N とすると,$N/2$ 番目の値と $(N/2)+1$ 番目の値の平均値を中央値とする[6]。したがって**中央値はデータの度数を 1/2 ずつに分割する点**と言うことができる。また,中央値は順序尺度以上のデータに対して求めることができる。表 1-1 のデータは度数が 50 である。したがって中央値は,データを昇順に並び替えて 25 番目の値と 26 番目の値(いずれも 69)の平均値 69 である。

データに外れ値[7]や極端な値が含まれると平均値はその影響を受けやすい。しかし中央値は「並び替えた時の真ん中」なので,端の方の値の影響を受けることはない。たとえば,全国民 500 万人の総所得の 20% を 500 人の国民が得

---

[4] Excel では調和平均を HARMEAN で求めることができる。

[5] 昇順は値を小さいものから大きいものに,降順は値を大きいものから小さいものに並べ替えた順序である。

[6] 中央値には別の求め方もあり,同点の多い場合にはここで示した方法とは異なる値になる場合がある。しかしその差は非常に小さいため,本書ではその方法は紹介しない。

[7] 極端に大きな,あるいは小さな値を外れ値という。測定対象の特性を反映した「適切な」値として生じる場合もあるが,測定ミスや記録のミスなどで現れることも多い。データに外れ値が表れた場合には,それが生じた原因を明らかにすることが重要である場合が多い。

ている国を考えてみよう。所得の平均を計算すると500人の高額所得者に引きずられて値が大きくなる。しかし中央値を計算するとこのようなことはなくなる。このため，外れ値や極端な値の有無や分布の形によっては，中央値のほうが平均値よりも代表値として妥当な場合がある。同じデータから平均値と中央値を求め，両者の差異が大きい場合は，外れ値を疑ってみる方がよいだろう。

(4) 最頻値

度数が一番多いデータの値を**最頻値**(mode)という。すべての尺度で求めることができるが，通常は名義尺度の場合に求める。最頻値は名義尺度で求めることができる唯一の代表値である。

最頻値が集団の代表値として用いられている例を挙げよう。たとえば選挙の候補者は名義尺度の変数と考えることができる。名義尺度のデータは度数を数えることだけができるので，それぞれの候補者に投票した度数が集計される。ここでの最頻値は最多数の票を得た候補者であり，多数決の選挙であればその候補者が当選する。

なお，その特性上，最頻値はひとつだけに定まらない場合がある。その場合はすべてを列挙する。

1-3 散布度

前節の例で示したように，データはばらつきを持っている。このばらつきを数値で表したものを**散布度**(dispersion)とよぶ。以下では，散布度として範囲，分散，標準偏差，四分位範囲を説明する。

(1) 範囲

範囲(range)はデータの最大値から最小値を引いた値である。表1-1のデータでは最大値が94，最小値が47である[8]ので，範囲はその差の47である。

範囲は，その性質上，外れ値の影響を直接受けるためにその使用方法は限られている。しかし，逆に考えれば外れ値の検出の目的で使用することができる。

---

8) Excelでは最大値はMAX，最小値はMINで求めることができる。

(2) 分散・標準偏差

分散(variance: V)は後述の**標準偏差**(standard deviation: S)の 2 乗であることから S^2 と記す場合が多い。分散はデータの散らばり方, すなわち散布度を表す値である。求め方は,

$$V = S^2 = \frac{\sum_{i=1}^{N}(X_i - \overline{X})^2}{N} = \frac{\text{偏差の 2 乗の総和}}{\text{データの個数}} \qquad (1\text{-}7)$$

のように, 各々のデータの偏差を 2 乗して足し合わせ, データの個数で割る。偏差を 2 乗するのは, そのまま足していくとゼロになるからである(偏差の総和は常に 0 であることに注意[9])。偏差の 2 乗を全部足したもの, すなわち式 (1-7) の分子を特に**2 乗和**(sum of squares: SS)とよび, 後の分散分析の際に頻繁に登場する[10]。表 1-1 のデータの分散は 107.68 である。

また, データの単位がたとえば重さであるとすると, 分散の単位は「重さの 2 乗」になる。そこで, もとの変数と単位をそろえる目的で分散の平方根をとったものを**標準偏差**(standard deviation: S)とよび, これが散布度を表す指標としてもっともよく用いられる。SD と表記されることもよくある。表 1-1 のデータの標準偏差は 107.68 の平方根の 10.38 である。

$$S = \sqrt{\frac{\sum_{i=1}^{N}(X_i - \overline{X})^2}{N}} \qquad (1\text{-}8)$$

なお, 分散や標準偏差の分母を $(N-1)$ とする場合もある。これは**母分散**あるいは**母標準偏差**の**不偏推定値**(unbiased estimate of variance)とよばれ, 2 章で説明する「母集団」について, その散布度を推定する値である[11]。それに対して, ここで述べた式で求める分散は**標本分散**とよばれる。本書では標本分散を用いて後の説明を進めるが, 表計算ソフトウェア(Excel など)や統計のパッケージソフトウェア(SPSS など)を用いる際には注意が必要である[12]。

---

9) 補遺 1 参照。
10) 偏差を 2 乗せずに, 偏差の絶対値を全部足してデータ数で割った値を平均偏差とよぶ。しかし, 通常はあまり用いられない。
11) 分散の不偏推定値とその分母が $N-1$ になる理由については補遺 4 を参照。
12) Excel では標本分散と標本標準偏差は VARP, STDEVP で, 分散と標準偏差の不偏推定値(分母が $N-1$ のもの)が VAR, STDEV で求める。

記述統計では，分散はデータの散布度を表す値であると説明されることが多い。もちろんこれは正しいのだが，分散にはもうひとつ重要な役割がある。

たとえばビリヤードの球を考えてみよう。球は最初に台の上に三角形に密集して置かれる。そこをキュー(球を突く棒)で突く。そうすると密集していた球はバラバラに散らばる。別の表現をすれば，球の位置の散布度が上がったことになる。

これは，散布度の低いデータ(密集した球)に何らかの力が働くことによって散布度(球の空間的なばらつき)が上昇した，と言い換えることができる。そのため統計学では，**散布度(多くは分散)を「データに対して与えられた影響の証拠」**として用いる，という考え方がある。この考え方が分析に活用されているのが後に説明する分散分析である。

(3) 四分位範囲

四分位範囲(inter quartile range: IQR)を説明するために，まず**分位数**(クォンタイル：quantile，分位値，分位点，パーセンタイル得点ともよばれる)を説明する。

分位数はその前に割合を表す百分率(あるいは数値)をつけて，25％分位数(あるいは0.25分位数，25パーセンタイル得点)というように用いる。**25％分位数とは，データを昇順に並べたとき，その値の下に全体の度数の25％が含まれる値**のことである。

特に25％分位数はQ1(あるいは第1四分位数)，50％分位数はQ2(あるいは第2四分位数)，75％分位数はQ3(あるいは第3四分位数)とよばれている。前節で説明した中央値は50％分位数，すなわちQ2である。

また，0％分位数はその値より小さい値がないのだから最小値，100％分位数はその値より大きい値がないのだから最大値である。

四分位範囲は**Q3 − Q1**，すなわち**75％分位数から25％分位数を引いた値**である。

表1-1のデータではQ1 = 63.25，Q2 = 69.00，Q3 = 75.25となり，四分位範囲(IQR)は75.25 − 63.25 = 12.00である。

1-4 分　　布

　データの散布度は前節の分散や標準偏差，四分位範囲で数値として表すことができる。しかし単一の数値では分布の細かい様子はわかりにくい。そこでデータを値ごとにいくつかのカテゴリに分けて表示する度数分布表や，それを視覚的にわかりやすく図示するヒストグラムを用いる。

（1）　度数分布表

　データをいくつかのカテゴリにわけ，そのカテゴリに含まれるデータの度数を表示したものを**度数分布表**(frequency distribution table)とよぶ。またそのカテゴリのことを**階級**(class)とよぶ。

　次の図 1-2 は 100 点満点のテストの得点に対する 5 点刻みの階級の例を示している。図の左端の階級には 80 点から 84 点のデータが入る。85 点のデータはその右の階級に入る。それぞれの階級は**名目上の下限と上限**（左端の階級であれば 80 と 84）を持っている。このテストの得点が整数であると仮定されているのであれば，名目上の下限と上限を定めておけば問題はない。しかし，小数をとると仮定すれば（たとえば 79.6 点など）名目上の上限と下限だけでは不十分である。

　そこで，ある階級の名目上の下限とその下の階級の名目上の上限の中間（たとえば 79.5 点や 84.5 点）に**真の限界**を設ける。そして真の限界以上の値をとれば，その右側（上側）の階級に属するものとする。したがって，たとえば得点

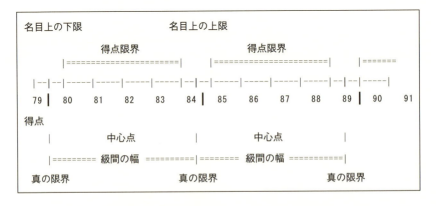

図 1-2　得点の階級とそれに関連する用語

表1-2 数値例のデータに基づいてつくった度数分布表

名目上の限界	中心点	度数	累積度数
95～99	97	0	50
90～94	92	1	50
85～89	87	4	49
80～84	82	3	45
75～79	77	5	42
70～74	72	8	37
65～69	67	10	29
60～64	62	8	19
55～59	57	7	11
50～54	52	3	4
45～49	47	1	1
40～44	42	0	0

が79.6点であれば名目上の下限が80の階級に属すると数える。

　真の限界の間隔を**級間の幅**とよび，名目上の上限と下限の間隔を**得点限界**とよぶ。また，名目上の上限と下限の中央の値を**中心点**とよぶ。この例では級間の幅は5点，得点限界は4件，左端の級の中心点は82点である。

　表1-1のデータについて度数分布表をつくると表1-2のようになる。最下段の階級では真の限界を39.5と44.5にしており，中心点は42である。各階級にはその階級の中心点，その階級に属するデータの度数，そしてその階級以下のデータの度数，すなわち**累積度数**が示されている。

　階級は自由につくってよいが，階級の幅はそれぞれが等しくなるようにするのが通常の手段である。また階級の数は，データの範囲などにもよるが，一般的に10個程度にすると分布の状況がつかみやすいとされている。

（2） ヒストグラムと度数多角形

　度数分布表で分布のおおよその形はわかるものの，やはり視覚的に表現するほうがわかりやすい。このためにヒストグラムや度数多角形を描く。

　ヒストグラム(histogram：柱状図)は横軸に階級，縦軸にその階級に属する

データの度数を描いた棒グラフである。また度数多角形はヒストグラムを折れ線グラフで示したものである。図1-3は表1-2をもとに描いたヒストグラムと度数多角形である。

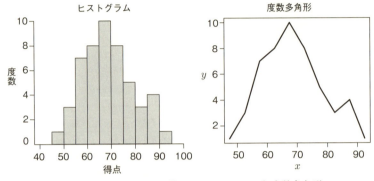

図1-3 表1-2をもとに描いたヒストグラムと度数多角形

ヒストグラムは階級の名目上の限界の上に度数を表す棒が立っている。慣例的に最大値が属する階級の上と，最小値が属する階級の下に度数0の階級を描く。また，棒は隙間なく並べる。

度数多角形は階級の中心点の上にその階級に属するデータの度数をプロットした折れ線グラフである。ヒストグラムに比べて分布の連続性がわかりやすいといわれている。

この分布を眺めるとほぼ平均値は70付近で，高得点のデータがやや多い（分布の裾野が高得点側に広がっている）ことが見てとれる。また85から90の付近に小さいピークがあることがわかる。

(3) 分布の形状

分布にはその形状を表す用語がある。単一のピークがある分布を単峰性の分布，複数のピークがある分布を複峰性の分布（2つのピークがあれば二峰性の分布）と表現する。また分布の裾野が値の大きい側（右側）に広がった分布を正に歪んだ分布（positively skewed distribution），分布の裾野が値の小さな側（左側）に広がった分布を負に歪んだ分布（negatively skewed distribution）と表現する。図1-4はそれぞれの分布の様子を示している。

分布の歪み方などにもよるが，一般に正に歪んだ分布では平均値が中央値よ

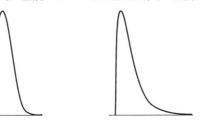

図 1-4 分布の形状と歪度

り大きくなる．また，負に歪んだ分布では逆に平均値は中央値より小さくなる．これは，裾野の側(極端な値)に「引きずられる」という平均値の性質による．完全に左右対称の分布(次節で示す正規分布など)では，平均値と中央値は一致する．

(4) 分布の形状を表す数値：歪度と尖度

分布の形状，なかでも歪み方と尖り方はそれぞれ歪度と尖度という量で表すことができる．分散は平均値を基準にした偏差の2乗に基づいている．これは平均値のまわりのデータの2次のモーメントともよばれる．そのように考えると歪度は3次のモーメント，尖度は4次のモーメントである．

歪度(skewness: Sk)は分布の偏り具合を表す量で式(1-9)のように求めることができる[13]．

$$Sk = \frac{\sum_{i=1}^{N}(X_i - \overline{X})^3}{N \cdot S^3} \tag{1-9}$$

左右対称の分布では歪度は0になる．歪度が負の場合には分布は負に歪んだ形になり，正の場合には分布は正に歪んだ形になっている．

平均値のまわりの4次のモーメントである**尖度**(kurtosis: Ku)は分布の尖り具合を表す量で，式(1-10)のように求めることができる[14]．

---

13) Excel では SKEW(範囲)で求めることができる．
14) Excel では KURT(範囲)で求めることができる．

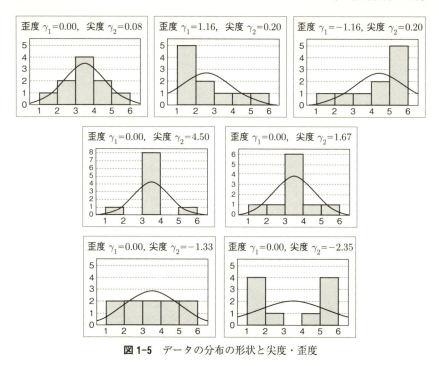

図 1-5 データの分布の形状と尖度・歪度

$$Ku = \frac{\sum\limits_{i=1}^{N}(X_i-\overline{X})^4}{N \cdot S^4} - 3 \tag{1-10}$$

　正規分布の場合，尖度は0になる．尖度が0より小さい場合は尖り方が正規分布より緩くなり，大きい場合は鋭くなる．さまざまな形状の分布とその尖度と歪度の関係を模式的に示したのが図 1-5 である．

1-5　データの標準化

　たとえば漢字の能力を測るテストを2回受けて，いずれも60点だったとしよう．しかし，それぞれの満点や得点のばらつき方が異なっていては，同じ得点でも同じ能力を示すものであるとはいえないし，相互の優劣を直接比較することもできない．また，人間の普遍的な心理的側面(たとえば知能や性格など)

を測るテストを作ったとしよう。ある日本人とある中国人がこのテストを受けて，同じ得点であったとしても，それが各々の属する文化のなかでどのあたりに位置するのかはわからない。

また，赤ちゃんができると親は自分たちの子が順調に育っているかどうか気になるものである。そのときに，たとえば体重が6800gであるという値そのものはあまり意味がなく，3ヵ月の男児の体重6800gがその集団のどのあたりに位置するのか，という情報の方がよほど役に立つ。3ヵ月児の成長具合として良いのか悪いのかそれとも普通なのかを知ることができるからである。

このようなことは，データを標準化(規準化ともいう)することによって明らかにすることができる。また，検定の論理を説明する3章とt検定を扱う4章では，後述する正規分布を標準化した標準正規分布が大きな役割をになう。

標準化は，

$$Z_i = \frac{X_i - \overline{X}}{S} = \frac{データ-平均値}{標準偏差} = \frac{偏差}{標準偏差} \quad (1\text{-}11)$$

という手順で行われ，ひとつのデータに対してひとつの標準得点(Z値)が求まる。式を見ると，標準得点(Z_i)は元のデータからデータの平均値を引き(つまり偏差を求め)，その値をデータの標準偏差の値で割ったものであることがわかるだろう。この式から，あるデータの**標準得点とは，そのデータの平均値からのずれを，標準得点の大きさを1単位として測ったもの**である，ということができる。

このことから，標準得点が0であれば，元のデータは平均値と等しい値であり，標準得点が負であれば元のデータは平均値より小さく，正であれば平均値より大きいことがわかる。

標準得点には大きな特徴が2つある。ひとつは，元のデータの平均値や分散がいくらであろうと，**標準化をした後は常に平均値は0，分散は1(したがって標準偏差も1)になる**ことである[15]。

もうひとつは，たとえ標準化したとしても元のデータの分布の形は変わらないということである。元のデータと同じ横軸の上にヒストグラムを描いたとすると，もちろんグラフの横軸上の左右の位置と横幅は変化する。なぜなら式(1-11)で各データから平均値を引くことでグラフは横軸上を平行移動し，その

---

15) 詳細については補遺2参照。

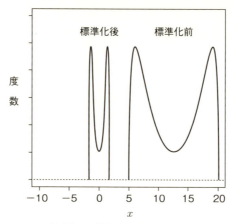

図 1-6 標準化の前後でのヒストグラムの変化

値を標準偏差で割ることによってグラフのひろがり具合が変化する。しかし、たとえば元のデータのヒストグラムが正に歪んだ分布であったとすると、標準化した後の標準得点のヒストグラムも同様に正に歪んだ形になり、もとのグラフにピークが2つあれば、標準化してもピークは2つのままである。グラフの横軸上の位置や広がり具合は変わっても、形そのものは変化しない。この点は誤解することが多いので気をつけるべきである。図 1-6 は、標準化前と標準化後の分布を描いたものである。標準化前(右)は分散が約 4.8、平均が約 12.5 であるが、標準化後(左)は分散が 1、平均が 0 になっている。一方で、標準化の前後で分布の形状が二峰性であるという点は変わっていない。

標準得点は平均値が 0、標準偏差が 1 であるが、値が負になったり、小数点以下の桁数が多くなったりするなどして直感的にその意味をとらえにくい。そこで、平均値を 50、標準偏差を 10 にしたもの(標準得点を 10 倍し 50 を足したもの)を偏差値とよび、テストの成績などの比較に用いられることが多い。

1-6 正規分布

正規分布(normal distribution)は図 1-7 に示されるように左右対称でピークがひとつの単峰性の形をしている。その形から釣り鐘型(bell shaped)の分布ともよばれる。

この世界のなかにあるさまざまなもの、たとえばある動物種の体長や、ある

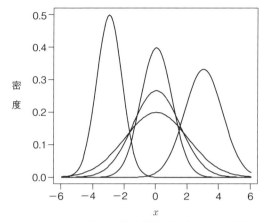

図 1-7　さまざまな平均と散布度をもつ正規分布

工業製品の重さなどを多数測定してみると，平均値付近の度数が一番多く，平均から隔たるにつれて度数が徐々に少なくなっていることが多い。このような形状の分布を数学的に表したものが正規分布である。正規分布は推測統計学をはじめとして社会科学，自然科学の分野で非常に重要な役割をはたしている。また，測定の誤差も正規分布と見なされることが多いため，正規分布は誤差分布とよばれることもある。

式(1-12)は正規分布を数式で示したものである。

$$Y = \frac{1}{\sqrt{2\pi\sigma^2}} e^{\left(-\frac{(X-\mu)^2}{2\sigma^2}\right)} \tag{1-12}$$

この式をみると，右辺には μ と σ の2つの変数があることがわかる。μ はこの分布の平均値(グラフのピーク)を，σ は標準偏差，すなわち分布の散布度を表している。また，π は円周率を，e は自然対数の底[16]を表す定数である。μ と σ はどんな値をとることもできる。したがって**平均値と標準偏差しだいで正規分布は無数に存在する**。

平均値が M，標準偏差が S の正規分布を，

$N(M, S^2)$

と略記する。かっこの中の最初の項には平均値，2つ目の項には分散を表記す

---

[16]　円周率 π が定数であるのと同様に e も定数であり，$e = 2.71828\cdots$ である。

るきまりになっている。式中で S^2 とあるのは標準偏差を S と表記すれば分散は S^2 になるからである。図 1-7 にはいくつかの M と S に対応した正規分布が描かれている。

正規分布は図 1-7 に示されているとおり左右対称であり，正にも負にも歪んでいない。また，横軸に対して漸近（左右それぞれにどこまで行っても y 軸の値は限りなく 0 に近づくが 0 にはならない）している。またグラフには変曲点[17]が 3 つある。このうちピーク以外の 2 つの変曲点に対応する横軸の値の絶対値がこの分布の標準偏差に相当する。

1-7 標準正規分布とそのグラフの面積

正規分布は推測統計において非常に重要な分布であるが，平均と分散しだいで無数の正規分布ができる。そこで，正規分布を標準化して得られる分布を正規分布の代表として考える。前述したように，標準化することにより平均は 0，分散と標準偏差は 1 となる一方で，分布の特徴はもとの正規分布と変わらない。この分布（$N(0, 1^2)$）を**標準正規分布**（standard normal distribution）という。式で表すと式(1-13)のようになる。

$$Y = \frac{1}{\sqrt{2\pi}} e^{\left(-\frac{X^2}{2}\right)} \tag{1-13}$$

標準正規分布も正規分布のひとつであるから，正規分布の特徴はすべて引き継いでいる。それに加えて，**標準正規分布のグラフと横軸とに挟まれた部分の面積が 1 になる**という性質を持っている（横軸に漸近しているのになぜ面積が測れるかの説明についてはここでは割愛する）。このため，標準正規分布をヒストグラムと見なすと，その**面積は相対度数**（それぞれの階級の度数の全体＝1 に対する割合）であると考えることができる。

この性質は非常に重要である。前述したとおり，正規分布は自然界のさまざ

---

[17] たとえば，正規分布のピークの左側のような曲線を考えてみると，どの区間でも値は常に増加している。これはどの区間でも曲線への接線の傾きが右上がりになっていると言い換えることができる。しかし，増加の程度，すなわち接線の傾きの変化を考えると，分布の端の方では接線の傾きが増加しているが，ピークに近づくと，ある点から接線の傾きが減少している。この点のことを変曲点という。正規分布にはピークの左右に 1 つずつ，ピークに 1 つ，合計 3 つの変曲点がある。

まな分布のモデルになる重要な分布である。それを標準化すると，横軸のある範囲の面積を知ることによって，その範囲の相対度数を知ることができるというわけだ。このことは 1-5 節で挙げた例（子どもの体重の集団内での位置を知りたい）などに実際に応用できる。

横軸の範囲に対応する面積は巻末の付表 A に示してある[18]。この表を用いると，たとえば体重の標準得点が 0.4 であれば，その標準得点の下側には 65.5% の相対度数のデータがあることがわかる。これを言い換えると，標準得点 0.4 に対応するのは 65.5% 分位数である。

1-8 相　　関

ここまでは 1 つの変数についての記述統計を扱ってきた。この節では 2 つの変数の関係を表す方法を説明する。

たとえば身長と体重という 2 つの変数を考えてみよう。身長の高い人は低い人に比べて体重も重いだろう，とおおむね想像できる。このような 2 つの変数の関係を数量的に表す方法として，**相関**(correlation)という考え方がある。記述統計では，一方の変数の値が変化すると他方の変数の値がどのように変化するかを**相関係数**という指標を用いて表現する。相関係数には対象となる変数の尺度に応じていくつかの種類がある。

（1）　比例尺度と間隔尺度の変数の相関：ピアソンの積率相関係数

2 つの変数（比例尺度あるいは間隔尺度）の間の**直線的関係の強さ**は**ピアソンの積率相関係数**(Pearson's correlation coefficient：単に相関係数とよぶ場合が多い。通常 r で表される）を用いて表すことができる。

相関関係を視覚的に表す際は**散布図**(scatter gram)を用いる。散布図は，2 つの変数をそれぞれ縦軸と横軸にとり，データをプロットした図である。

図 1-8 に，2 つの変数（横軸 X と縦軸 Y）のプロットについて，代表的な 3 種類のパタン（灰色の部分がデータの存在している領域だと考える）を示す。左図では，X の値が増加するに従って Y の値も増加している。これを正の相関とよぶ。右図では，X の値が増加するに従って Y の値は減少している。これを負の相関とよぶ。中央の図で X と Y の間に決まった（一方が他方と連動す

---

[18]　Excel では NORMSDIST(z 値）で z 値よりも右側の面積を求めることができる。左側の面積を求める場合は，全面積が 1 であるから 1 − NORMSDIST(z 値）とすればよい。

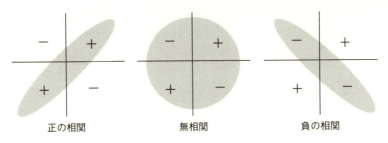

図 1-8 2 つの変数の 3 種類の分布のパタン

る）関係はない。これを無相関とよぶ。

ピアソンの積率相関係数（r）は次のようにして求めることができる[19]。

$$r = \frac{\sum z_X \cdot z_Y}{N} = \cdots = \frac{\dfrac{\sum_{i=1}^{N}(X_i - \overline{X}) \cdot (Y_i - \overline{Y})}{N}}{\sqrt{\dfrac{\sum_{i=1}^{N}(X_i - \overline{X})^2}{N}} \cdot \sqrt{\dfrac{\sum_{i=1}^{N}(Y_i - \overline{Y})^2}{N}}} = \frac{Cov_{XY}}{SD_X \cdot SD_Y}$$

(1-14)

相関係数は，それぞれの変数の標準得点の積を全データについて足し合わせて，それをデータ数で割ったものである。図 1-8 にはそれぞれの象限に＋と－の符号が示されているが，これはその象限にあるデータの標準得点をかけ合わせたもの（$Z_X \cdot Z_Y$）の符号である。これを見ると正の相関の場合には＋が－より多く集まり，負の相関の場合は－が＋より多く集まり，無相関の場合には＋と－が同程度集まるので 0 に近くなることが，それぞれわかるであろう。

この式を変形すると，式(1-14)に示したような形になる。式の分母は X の標準偏差と Y の標準偏差をかけたものである。また分子は**共分散**（covariance）とよばれる統計量である。**ピアソンの積率相関係数は－1から＋1までの値をとる**。

（2） 順序尺度の変数の相関：スピアマンの順位相関係数

順序尺度の変数の相関は**スピアマンの順位相関係数**[20]（Spearman's rank correlation coefficient：通常 ρ（ギリシャ文字のロー，アルファベットの r に

---

19) Excel では関数 CORREL で求めることができる。

対応するギリシャ文字)で表すことができる。

ρ は順序データ(データを昇順で順位に変換したもの)に式(1-14)を適用することで求めることができる。ρ も r と同様に -1 から $+1$ の値をとる。

1-9　回帰直線

ピアソンの積率相関係数(r)は，2つの変数の間の直線関係の強さと方向を表している。回帰直線とは，この関係を代表する1本の直線である。変数 X と変数 Y の散布図の回帰直線は，

$$Y = (傾き) \cdot X + Y 切片 = aX + b \qquad (1\text{-}15)$$

という X についての1次式(直線のグラフ)で表すことができる。回帰直線は傾き(通常 a と表す)と Y 切片(直線が Y 軸と交わる点の Y の値。単に切片とよぶ場合も多い。通常 b と表す)を求めることで描くことができる。散布図と回帰直線の例を示したのが図 1-8 である。

回帰直線は2つの変数の関係を端的に表すために描くものであるから，すべてのデータからもっとも近い位置を通る必要がある。こうした直線の傾きと切片を求めるために用いられる方法が最小2乗法である。

最小2乗法とは，散布図の各プロットから回帰直線に伸ばした垂直線の長さの2乗の総和を最小にする，という方法である。最小2乗法によって回帰直線の切片(b)と傾き(a)を求めるためには，次の式(1-16)を用いる[21]。式中の N は変数 X と Y のデータのペア数を，とはそれぞれ変数 X と Y の平均を表している。

$$a = \frac{\sum_{i=1}^{N}(X_i - \overline{X}) \cdot (Y_i - \overline{Y})}{\sum_{i=1}^{N}(X_i - \overline{X})^2}, \qquad b = \overline{Y} - a \cdot \overline{X} \qquad (1\text{-}16)$$

では，次のデータを用いて散布図と回帰直線を描き，相関係数 r と回帰直線の傾き(a)と切片(b)を求めてみよう。

---

[20]　この他に間隔尺度の変数ではケンドールの順位相関係数を求めることができるが，本書では割愛する。

[21]　この式の求め方は微分についての知識が必要なので本書では説明を割愛する。Excel では回帰直線の傾きは SLOPE，切片は INTERCEPT で求めることができる。

X: 1 3 4 6 7 2 5

Y: 1 4 5 4 7 2 5

まず相関係数は,

$$r = \frac{\frac{\sum_{i=1}^{N}(X_i-\overline{X})\cdot(Y_i-\overline{Y})}{N}}{\sqrt{\frac{\sum_{i=1}^{N}(X_i-\overline{X})^2}{N}}\cdot\sqrt{\frac{\sum_{i=1}^{N}(Y_i-\overline{Y})^2}{N}}}$$
(1-17)

$$=\frac{\frac{(1-4)\cdot(1-4)+(3-4)\cdot(4-4)+\cdots+(5-4)\cdot(5-4)}{7}}{2\cdot 1.852}$$

$$=\frac{3.286}{3.703}=0.887$$

である。また回帰直線の傾き(a)と切片(b)は,

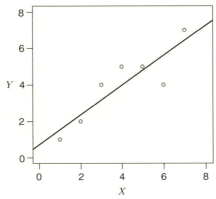

図 1-9 X と Y の相関係数,回帰直線とその切片と傾き

$$a = \frac{\sum\limits_{i=1}^{N}(X_i-\overline{X})\cdot(Y_i-\overline{Y})}{\sum\limits_{i=1}^{N}(X_i-\overline{X})^2}$$
$$= \frac{(1-4)\cdot(1-4)+(3-4)\cdot(4-4)+\cdots+(5-4)\cdot(5-4)}{(1-4)^2+(3-4)^2+\cdots+(5-4)^2} \quad (1\text{-}18)$$
$$= \frac{23}{28} = 0.821$$
$$b = \overline{Y} - a\cdot\overline{X} = 4 - 0.821\cdot 4 = 0.714 \quad (1\text{-}19)$$

であり,回帰直線は,
$$Y = 0.821\cdot X + 0.714 \quad (1\text{-}20)$$
であらわされる。

図 1-9 に X と Y の回帰直線,相関係数,回帰直線の切片と傾きをまとめた。

相関係数は 0.887,

回帰直線の切片は 0.714,

回帰直線の傾きは 0.821 である。

回帰直線の式は,

$$Y = 0.821 \cdot X + 0.714$$

である。

2章　推測統計の基礎：母集団と標本

　記述統計では目前のデータについて，代表値や散布度などの求め方や，データのさまざまな図示方法を扱っている。一方，推測統計では，**直接観測可能なデータはその背後にある観測不可能な母集団から抽出されたものである**という考え方をする。そして目前のデータを用い，母集団についての情報を推測し，目前のデータの性質についての結論を一般化することを目的としている。

　たとえばある新しいダイエット方法が開発され，100人の参加者を集めてこのダイエット方法の効果を確かめるための実験を行ったとしよう。記述統計で明らかになるのは，この100人だけに対する新しいダイエット方法の効果である。しかし，推測統計の手法(具体的にはこの後の章で扱うさまざまな統計的仮説検定)を正しく用いることによって，この新しいダイエット方法が一般的に，すなわち実験の対象となった100人以外に対しても効果があるのか否かが明らかとなる。

　心理科学の実験や調査では，研究の対象となった参加者だけに限っての結論を得ることが目的の場合もある。しかし，多くの場合には実験や調査で得られた結果が，研究の対象となった参加者に留まらず一般化できることが大切である場合が多い。この章ではこのような推測統計の基礎となる母集団，標本，標本分布について述べる。

2-1　母集団と標本

　記述統計で扱うデータは，その度数(通常 N であらわす)が有限であり，平均値や標準偏差，分散などを計算で求めて確定することができる。推測統計学ではこれらのデータは**標本**(sample)とよばれ，その背後にある**母集団**(population)から**抽出**(sampling)されたものと考える。

　たとえばイヌの体高は，ある分布(おそらくはほぼ正規分布)をすると考えら

れているが，その平均値や標準偏差などは現実には計算して確定することはできない。われわれが観測できるのは「イヌ全体」から選び出した標本(その中にたとえ非常に多くのイヌのデータが含まれていてもそれは有限である)だけであり，データの数が多数の場合には非常に手間がかかるかも知れないが，その標本の平均値や標準偏差は計算して確定することができる。

　この例の場合，「イヌ」全体の集合が母集団である。そこには∞匹のイヌの体高のデータが集められている。これは「イヌ」という種の全体であるから，たとえばこれまで生きていたイヌ，今生きているイヌ，これから生まれてくるであろうイヌ，という風に考えてみると，∞匹が実感できるかも知れない。この母集団[1]には平均値や標準偏差，分布の形があるだろうということは想像できるが，それが正確にどんな値で，あるいはどんな形をしているかは確定することができない。このように，

1. 直接観測することができない。
2. ∞個のデータを持つ。
3. 平均や標準偏差，分散などの母集団の特性を表す値が確定できない。

という諸点は母集団の重要な性質である。

　ではなぜ，母集団という概念が必要なのであろうか？　たとえばイヌが罹るある病気のワクチンを開発し，それが効くのかどうかを確かめることを考えてみよう。通常はそれらをイヌに与えるという実験を行うであろう。ここで得られたデータは「標本」から得られたデータ，すなわち有限個のデータである。たとえば10,000匹のイヌを用いた実験でこのワクチンの効果が見られたとしても，それ以外の個体，たとえば10,001匹目のイヌには効かないかも知れない。これではそのワクチンの効果が一般化できない。ここで母集団と標本という考え方が意味を持つようになる。

　推測統計学では母集団から**無作為抽出**(random sampling)とよばれる適切な方法で抽出された標本から，母集団の性質を推測する手立てが考えられている。この手立てを応用することによって，有限個のデータ(標本)から得られた結果を一般化することができるようになる。

　実証的研究は，有限個のデータを観測しそこから得られた事実を一般化することがその基本である。推測統計学はこのような研究のための重要な道具のひ

---

[1]　データが∞個含まれる母集団を無限母集団とよぶ。有限個のデータからなる母集団も考えられるが本書では扱わない。

とつとして**統計的仮説検定**(statistical hypothesis testing)を提供する。

2-2 標本抽出

　われわれにとって観測可能なものは標本だけである。したがって何らかの手続きの効果，たとえば実験や調査で用いた独立変数の効果，具体的には動機づけを高める操作だとか学習を促進する効果などが，その標本だけに対してではなく，一般的に有効か否かを確かめるためには，その標本が抽出された母集団に対しての推測ができなければならない。

　このためには，母集団の性質をよく反映した標本を抽出することが必要となる。大鍋いっぱいに作った味噌汁(母集団)の味を決める際(母集団の推測)には，鍋の中をよくかき混ぜたうえで小皿にとった味噌汁(標本)の味をみることが大切であるのと同じである。この際の「味噌汁をよくかき混ぜる」操作が無作為抽出にたとえられよう。**無作為抽出**とは形式的には「母集団のすべての要素を等確率で抽出すること」と表されるが，実際にこのようなことは実現が不可能である。実際の抽出方法は，実験や調査の目的などに応じてさまざまな手法が開発されている[2]。

　母集団の特性を表す値，たとえば母集団の平均(母平均)や母集団の分散(母分散)，母集団の標準偏差(母標準偏差)などは**母数**(あるいは母集団特性値：parameter)とよばれる。また標本に基づいて計算される値，たとえば標本平均値や標本分散，標本標準偏差などは**統計量**(statistic)とよばれる。

2-3 母集団と標本分布

　この節では推測統計学や統計的仮説検定を理解する際に非常に重要になる**標本分布**(sampling distribution of means: SDM，**標本抽出分布**ともいう[3])と，母集団と標本分布の関係について説明する。このおおよその流れは図2-1に示されている。

---

　2) 世論調査などの社会調査では，無作為抽出とほぼ同等な標本抽出を保証するために，さまざまな標本抽出方法が考案されているが，本書では割愛する。
　3) 標本分布は「標本平均値の分布」とよぶのが適切であろうが，訳語としては標本分布あるいは標本抽出分布が広く用いられている。また標本の平均値以外の分布を考えることもできるが，本書では扱わない。

標本分布とは**母集団から抽出した標本の平均値の分布**のことである。まず母集団から標本を∞回抽出する。各標本には有限個のデータが入っている（この個数のことを**標本の大きさ**といい，通常 N で表す）ので，まずそれぞれの標本について平均値（標本平均値）を算出する。標本は∞個あるから，∞個の標本平均値が集まる。この標本平均値の集団のことを標本分布とよぶ。

図 2-1 はこの過程を表したものである。母集団の分布の形は確定ができないものの，経験的に正規分布に従っていると考えても差し支えない。その場合，図 2-1 のようにして求めた標本分布も正規分布をなすことがわかっている。ま

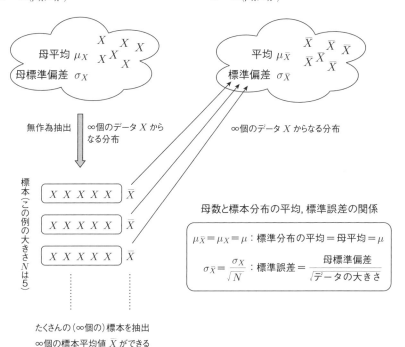

図 2-1 母集団と標本分布

た式(2-1)と式(2-2)に示すように，標本分布の平均値($\mu_{\bar{X}}$)は母平均(μ_X)に等しく，標本分布のばらつき(標準誤差：standard error, $\sigma_{\bar{X}}$)は母標準偏差(σ_X)を標本の大きさの平方根でわった値になることがわかっている[4]。

$$\mu_{\bar{X}} = \mu_X \quad : \quad 標本分布の平均＝母集団の平均(母平均) \quad (2\text{-}1)$$

$$\sigma_{\bar{X}} = \frac{\sigma_X}{\sqrt{N}} \quad : \quad 標準誤差 = \frac{母標準偏差}{\sqrt{標本の大きさ}} \quad (2\text{-}2)$$

そもそも推測統計学は，観測可能なデータ(標本)をもとに，観測不可能な集団(母集団)の性質を推測することが目的である。上のような「母集団から標本を取り出し，その標本平均値をたくさん集め，その分布を考える」ことの直接の目的は，「母集団の平均(＝母平均)の推定」をすると言うことである。母平均の推定ができると，後々，統計的仮説検定などに用いることができる。しかし，上の図の囲みに書かれている式(2-1)と式(2-2)だけで，母平均の推定はできるかに見えるが，100％この値が正しいかというとそうではない。なぜなら母集団から無作為抽出したデータの値は毎回異なり，母平均の推定はこの毎回異なる値を持つ標本を用いることによってしかできないからである。このように考えると，標本分布は「母平均の推定値」がどのくらいばらついているかを示していると考えられる。その意味で標本分布のばらつきは，推定をするときの誤差を表すと考えることがでる。このために**標本分布のばらつきは「標準誤差」**という名前がついているのである。

2-4 母集団分布，標本分布と正規分布

図2-1では母集団も標本分布も正規分布を模して描かれている。多くの物についての分布はほぼ正規分布に従うと考えられているので，標本分布も正規分布に従うと考えることは，実用上差し支えない。しかし母集団が正規分布に従わないことが明らかな場合，標本分布の形はどうなるのであろうか？

たとえば実験心理学のデータでしばしば目にするのは「片側打ちきり切りデータ」とよばれるデータである。ラットの回避学習のデータなどは，ラットがたとえば20秒を越えて回避反応しなければその試行のデータを20秒と記録して処理するというような場合がある。いわゆる上側打ち切りデータである。

---

[4] 式(2-1)，式(2-2)のようになる理由については補遺3参照。

打ち切りデータにはこのようなある種の人為的な操作でない場合も考えられる。たとえばヒトの単純反応時間の分布に関しては多くの研究があるが，生理的限界を超えた短い反応時間は出現し得ないだろう。このような場合には明らかに分布の下側が打ち切られた，いわゆる正に歪んだ分布になることが予想される。したがって，原理的に母集団の分布として正規分布を仮定することは疑問が残る。

母集団は観測することが不可能であるのだから，本当はどんな分布の形をしているのかはわからない。まして上の例のような，原理的に考えてどうも正規分布は疑わしい，という場合もある。では母集団の分布の形と標本分布の形の関係はどうなっているのであろうか？

結論から言うと，母集団の分布の形がどうであれ標本分布の形はほぼ正規分布と見なして問題はない。

このことは**中心極限定理**(central limit theorem)という確率論の考え方に基づいている。中心極限定理そのものは母平均と標本平均の誤差について論じているが，そこでは**母集団の分布がどんな分布であっても，その標本分布は標本の大きさを増やしていくと正規分布に近づいていく**ことが明らかにされている[5]。

これをもう少し詳しくいうと，もし母集団が正規分布に従うなら標本分布も正規分布に従うと考えて良い。また母集団が正規分布に従わない場合であっても標本のサイズを大きくするほど標本分布は正規分布に近づく。

このことから，母集団が多少正規分布から外れていたとしても，実用上は標本分布が正規分布に従うと見なしてもほぼ差し支えないことになる。

---

5) 中心極限定理の正確な説明には確率論やその他の数学的概念を用いなければならないので，本書では触れない。

3章　統計的仮説検定

　われわれが扱うことができるのは観察可能な標本である。一方，実験や調査で明らかにしようとする事実は，その時用いた標本に対してだけではなく，母集団一般に対しての一般的な事実である場合が多い。たとえばある学習方法，あるいはある薬物がある特定の個人に対してだけ有効であるかどうかを調べることに意味のある場合もあろう。この場合には推測統計を道具として用いる必要はない。しかし参加者を集め実験や調査を行う場合には，その学習方法あるいは薬物の効果の一般性を確かめることが目的となる。この際には推測統計を道具として用い，結果を一般化する必要がある。

　この章では推測統計を基礎とした統計的仮説検定 (statistical hypothesis testing：以下では単に検定と記す) という考え方を説明する。これは後の章で扱う実用的な検定の基礎となる考え方である。

3-1　検定の論理

　本来，母平均や母標準偏差は未知である。しかしまずは検定の基礎となる考え方を説明するために，これらの母数が既知であると仮定して話を進めよう。次の章で説明するように実際の検定ではさまざまな方法で母数が未知である場合に対応ができるようになる。

　どのようなデータを対象とし，何を明らかにするかに応じて多くの種類の検定がある。しかしこの章で説明する検定の論理は，検定の種類が変わったとしても，ほとんどすべての検定に共通するものである。

　次のような例を考えてみよう。

　　　母集団から無作為抽出された49人の小学3年生の児童に，「明日の算数の時間の暗算テストの成績がよければ明後日の算数の時間はドッジボール

にする」という動機づけを高める操作を行った。その結果これら 49 人の暗算テストの成績の平均点は 77 点になった。<u>全く同じ暗算テストについて母平均は 75 点，母標準偏差は 8 点であり，母集団は正規分布に従うことがわかっている。</u>

　この 49 人の平均点をもとに，「ドッジボールをさせる」という手続きは動機づけを高める効果があると言えるだろうか？

　例の文中の下線の部分は母集団と母数についての記述であるが，実際にはこれらの値は未知である。しかしここでは検定の論理を説明するために，このように既知であるとして話を進めよう。

　標本平均は母平均に比べて 2 点高い。したがってこの 49 人に対しては動機づけを高める効果があったといっても良いだろう。しかし「ドッジボールをさせる」という手続きが一般的に小学 3 年生の動機づけを高めると言えるのだろうか？　これに答えるひとつの方法が統計的仮説検定である。

　2 章の図 2-1 に示されているように，母集団の分布の形と母数がわかれば，そこから大きさ 49 の標本を ∞ 回抽出し，その結果できる ∞ 個の標本平均値の分布，すなわち標本分布は正規分布に従うことがわかる。この例題の場合，母集団は正規分布に従い，母平均は 75，母標準偏差は 8，すなわち $N(75, 8^2)$ である。またその平均は式(2-1)から，

$$\mu_{\bar{X}} = \mu_X = 75 \tag{3-1}$$

であり，標本分布の散布度である標準誤差は式(2-2)より

$$\sigma_{\bar{X}} = \frac{\sigma_X}{\sqrt{N}} = \frac{8}{\sqrt{49}} = \frac{8}{7} = 1.14 \tag{3-2}$$

であることがわかる。したがって標本平均は $N(75, 1.14^2)$ に従うことがわかる。

　図 3-1 にはこの標本分布が描かれている。図の横軸は標本平均値の値 ($\bar{X}$) であり，縦軸は出現頻度を表している。図を見て明らかなように標本平均値は，母平均である 75 点の出現頻度が一番高く，正負それぞれの方向に離れるにつれ出現頻度が減っていくことがわかる。

　それではこの 49 人の小学生の平均点である 77 点はどのくらいの確率で出現するのであろうか？　この確率を求めるためには標本分布 $N(75, 1.14^2)$ を標

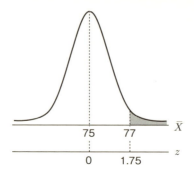

図 3-1 標本分布 $N(75, 1.14^2)$ とそれを標準正規分布に変換したもの

準化(すなわち $N(0, 1^2)$ に)する。こうすることにより横軸は標準得点(z)となり，グラフの面積がそれに対応する横軸の範囲の値の出現確率を表すことになる。

まず標本平均 77 に対応する z 値を求めてみる。1 章に示したように z 値はデータからその分布の平均値を引き，その値を，その分布のばらつきで割ることで求まる。この例の場合，分布の平均は標本分布の平均である 75，ばらつきは標本分布の標準誤差の 1.14 であるから z 値は，

$$z = \frac{(データ)-(平均値)}{ばらつき} = \frac{\overline{X} - \mu_{\overline{X}}}{\sigma_{\overline{X}}} = \frac{77 - 75}{1.14} = 1.75 \quad (3\text{-}3)$$

このように 1.75 となる。

検定ではこの z 値(この値は一般に**検定統計量**とよばれる)の出現確率をもとに，データに加えた操作(この例では動機づけを高める操作)の有効性を判定する。そのために次のステップは z 値の出現確率を求めることになる。

図 3-1 に示した正規分布の面積は，単一の z 値に対しては常に 0 になってしまう。なぜなら，面積は基本的には底辺に高さをかけたものであるから，横軸に範囲がない限り(すなわち横軸に長さがない限り)面積は 0 になる。

そこで検定の場合はこの範囲を，「得られた標本平均値かそれより極端な値の出る範囲，すなわちこの例では標本平均値より大きな値」と考える。したがって検定統計量の z が 1.75 かそれ以上の値が出現する確率，すなわちこの例では z が 1.75 より右側の分布の裾野の面積(図 3-1 の灰色部分の面積)を求

めるのである。付表 A の標準正規分布の面積の表から出現確率は 0.04 であることがわかる。これで検定統計量 z(この例では $z = 1.75$)とその出現確率($p = 0.04$)が求まった[1]。

この例題の検定では検定統計量 z は,

$$z = \frac{(データ)-(平均値)}{ばらつき} = \frac{(標本平均)-(母平均)}{標準誤差}$$
$$= \frac{\overline{X}-\mu_X}{\sigma_{\overline{X}}} = \frac{\overline{X}-\mu_X}{\frac{\sigma_X}{\sqrt{N}}} \tag{3-4}$$

と書くことができる。

次の節では検定統計量とその出現確率をどのように解釈するかを説明する。

3-2 検定統計量の解釈

この章の最初に示した例のように,研究をする側は,研究のための操作の効果が現れるだろうと期待して操作を行う。検定を効果の査定に用いる場合にはこのことが特に重要となる。

さて例に出てきた $N(75, 8^2)$ に従う母集団の中にある得点は,「動機づけを高める操作」を受けているだろうか,あるいは受けてはいないだろうか? 「操作」を受けたのは母集団から無作為抽出された 49 人であるので,母集団そのものは「操作」を受けてはいない。したがってこの母集団をもとに計算された標本分布($N(75, 1.14^2)$ に従う)も「操作」を受けていない,すなわち「操作の効果がない」という前提のもとに計算されたものである。

一方 49 人から得られた標本平均値 77 は「操作」という点に関してはどうだろう? この標本平均値は「操作」を受けている。いわば操作によって「汚染」されているという言い方もできるだろう。ここで比喩的に用いた「汚染されている」という言葉はそのまま「操作の効果」と言い換えることができる。

さてそのような目でもう一度図 3-1 の標本分布を見ると,当然全く汚染されていない(操作の効果がない)データの出現頻度が高い。しかし,操作の効果がないデータであっても,正負それぞれの方向にデータはばらついている。この

---

[1] Excel では標準正規分布に従う検定統計量 z 値の出現確率を $1 - \text{NORMSDIST}(z\text{値})$ として求めることができる。

ばらつきはいわゆる標準誤差とよばれるものであり，全く操作の効果がないデータに基づいている分布であることは明らかであっても，あたかも操作の効果があるようなデータが出現するのである。

今ここに「操作」を施した49名のデータの標本平均値がある。もしこのデータに操作の効果がなければ標本分布のピークの近辺の値をとるであろう。しかしもし操作の効果があるとすれば，標本分布のピークから非常に離れた値をとり，その出現確率は非常に小さなものになるだろう。

前節で求めた検定統計量zの出現確率は，このような考え方のもとで解釈をする。例題で求めた$z \geqq 1.75$の出現確率は$p = 0.04$であった。この確率そのものだけでは大きいか小さいかの判断はできない。そこで検定では**有意水準**（significant level：通常αであらわす。この値は**危険率**とよばれることもある）という基準を設け，出現確率が有意水準かそれ以下であればその確率は小さいと判定する。

確率が小さいというのは「操作の効果がない」という仮定のもとで計算した標本分布に照らしてみると，標本平均が77というようなことはとうてい起こりえない，ということになる。しかし実際には標本平均77が実現しているわけである。これでは辻褄があわない。そこで計算の前提となった「操作の効果がない」という仮説が間違っていた，と結論づける。「操作の効果がない」という仮説が棄却されるのだから結論は「操作の効果があった」となる。これが検定の基本的な考え方である。

3-3 統計的仮説検定の手順と用語

以上のことから統計的仮説検定の手順は以下の6つの点にまとめることができる。

1. 判断する基準となる有意水準（α：通常5％であることが多い）を決める。
2. 「操作の効果がない」という仮説をたてる。この仮説のことを帰無仮説（null hypothesis：H_0と略す）と，また帰無仮説の否定，すなわち「操作の効果がある」という仮説を対立仮説（H_1と略す）とよぶ[2]。
3. 帰無仮説のもとでの標本分布を考え，それとデータを用いて検定統計量を算出する。この章の例の場合，標本分布は正規分布，データからわ

かるのは標本の大きさ($N = 49$)と標本平均値($\overline{X}=77$),検定統計量はz値であり,その値は 1.75 である。
4. 検定統計量の出現確率と有意水準より,帰無仮説についての決定を行う。例の場合,あらかじめ定めた有意水準は 5%,検定統計量z値の出現確率は 4%である。
5. 検定統計量の出現確率が有意水準より小さい場合($p < \alpha$)は帰無仮説を棄却する。すなわち「操作の効果がある」と判断する。検定統計量の出現確率が有意水準と同じか大きい場合($p \geqq \alpha$)は帰無仮説を採択し,「操作の効果がない」と判断する。
6. この例の場合,出現確率(4%)は有意水準(5%)より小さいので帰無仮説は棄却され「操作の効果がある」すなわち「ドッジボールをさせるという手続きは動機づけを高める効果がある」と結論を下すことができる。

ここで示した手順は,この例題の場合だけでなくどのような検定にも当てはまる。検定の対象となるデータに応じて標本抽出分布や検定統計量,その計算方法は変わる。しかし,検定の論理そのものは変わることがない。

非常に重要なことであるが,**検定統計量を計算した後に有意水準を決めてはいけない**。なぜなら検定の結果を見て有意水準を変えてしまうことは,結果の恣意的な解釈を許してしまうことになるからである。

検定を行う際は,否定する仮説(帰無仮説)を最初にたてておいて,そのもとでのデータの出現確率を求め,出現確率が低いとその計算の前提となった仮説を棄却するというややこしい論証形式をとる。この論証形式は**背理法**とよばれている。このような論証形式をとるのは,検定ではそもそも操作の効果があったかどうかが不明であるので,操作の効果のない(汚染のない)データ(すなわちこの例では母集団から導かれた標本分布)を推論の基礎とするほかないからである。

有意水準に対応する検定統計量を特に**臨界値**(critical value)とよぶ。この章の例では標本分布が標準正規分布であるので,有意水準を 5%とした場合,臨界値は$z = 1.65$となる[3]。臨界値は有意水準などと組にされて$z_{0.05} = 1.65$な

---

2) ここで説明している検定の考え方は Neyman と Pearson という統計学者によって提唱された。彼らは帰無仮説をオリジナルの仮説という意味でH_o(エイチ・オー)と略したが,現在では,帰無仮説の null(ゼロの意)に基づいてH_0と記されている。

どと表記される[4]。また臨界値の外側の部分を**臨界域**（帰無仮説を棄却するという意味で**棄却域**ということもある）とよぶ。したがって上の第5番目は，

> 5′．検定統計量が臨界域内であれば帰無仮説を棄却し，そうでなければ帰無仮説を採択する。

と言い換えることができる。ほとんどの検定の場合は有意水準などに応じた検定統計量の臨界値が示されているので5′の言い方に慣れておくと良い。また検定の計算を行うソフトウェアでは，検定統計量の出現確率（これを危険率とよぶ場合も多い）が検定統計量などとともに直接表示される。したがってこの危険率と，あらかじめ定めた有意水準を比較して，危険率が有意水準より小さければ帰無仮説を棄却する。

3-4 検定に関する概念

前節では検定の論理を説明した。これに加えて検定に関連するさまざまな概念があり，実際に検定を行う際には，検定の論理に加えこれらの概念を理解することが大切である。

(1) 片側検定と両側検定

例では臨界域を分布の片側のみ（実際には右側）に設定した。しかし場合によっては「動機づけを高める操作」をしても母平均を大幅に下回る結果が出ることもあるだろう。もしそのようなことがおこれば「ドッジボールをさせてあげる」という手続きそのものが動機づけを高めているのかどうかとか，動機づけが高まると本当に得点があがるのか，などという別の問題に発展する可能性もある。また，テストの得点が従属変数として適切かどうかという問題も考慮する必要が出てくるかも知れない。

このように実際の研究の場面では値が大きくなるか小さくなるかということは，仮にそれを予測する強力な理論があったとしても，最初から決めることが

---

　3) Excelでは標準正規分布に従う検定統計量zの臨界値をNORMSINV(1 − 有意水準)として求めることができる。NORMSINV(有意水準)とすると臨界値が負数で求まる。

　4) 検定統計量には自由度という数値を伴うものが多い。その場合には自由度についても記す。たとえば検定統計量tは1つの自由度を持つので危険率が5%，自由度が22の臨界値はたとえば$t_{0.05; 22} = 2.07$と記される。また自由度を2つ持つ検定統計量Fはたとえば$F_{0.05; 2, 5} = 5.79$と記される。

できない。

　検定は道具であるので当然このことに対処しなければならない。そこで臨界域をこの例のように分布の片側だけにとるいわゆる**片側検定**(one-tailed test)を使うことはほとんどなく，実際には分布の両側に $\alpha/2$ ずつ臨界域をとる**両側検定**(two-tailed test)を用いる。

　例題の場合の検定統計量は $z = 1.75$ であった。有意水準5%($\alpha = 0.05$)の片側検定の際の臨界値は $z = \pm 1.64$ である[5]。したがって片側検定では帰無仮説が棄却され操作の効果があったと結論づけられる。しかし両側検定では臨界値は z=1.96 となり帰無仮説は棄却されないので，操作の効果はなかった，と結論づけられる。

　非常に強力な論理的可能性がある場合，たとえばこの例であれば，母平均より小さな測定値はいかなる場合も出現する可能性がないというような場合に限って片側検定は選択すべきもので，そうでない場合には両側検定を行うべきである。

　帰無仮説の判断については検定の方向性の他に有意水準がある。有意水準を高くすれば帰無仮説を棄却する可能性は高くなる。上で述べた汚染の比喩を使うなら，有意水準を低くするほど「汚染されていないデータ」であっても「汚染されている」というように判断されることになる。このように手続きの効果がないにもかかわらず，手続きの効果があると判断することは危険でもある。この意味から有意水準は**危険率**[6]ともよばれる。

(2)　有意水準(α)の決め方

　慣例とし有意水準には5%が用いられる。しかしこれはあくまで慣例であって，統計的な根拠は何もない。したがって有意水準は研究の目的によって5%以外の値を用いることがある。

　たとえば，多少の危険を冒してもある現象に対する制御要因を洗い出したいという場合に行う探索的な研究では危険率を10%程度まで上げることがある。

　またある理論に対して厳密な実験が数多く行われており，そのような実験系

---

　5)　両側検定の場合，Excel での標準正規分布に従う検定統計量 z の臨界値は NORMSINV(1 − 有意水準／2)として求めることができる。この関数は引数の面積の部分が分布の左側にあるとして計算するので NORMSINV(有意水準／2)とすると負数で求まる。

　6)　危険率という用語は，検定統計量の出現確率の意で用いられることもある。したがって本書では α(帰無仮説の採否の基準)を有意水準と表し，危険率という用語は誤解のない範囲で主に検定統計量の出現確率の意で用いる。

を用いて厳密な仮説検証型の実験を行う場合には，危険率を1%や0.1%に下げることもある．実際に検定を行う場合には，類似の研究などの論文を参考にすると良い．

有意水準は，帰無仮説の採否に関する基準に過ぎない．したがって**有意水準が低いほど，そこで検証された操作の効果が強いと主張することはできない**[7]．一般には，ある一連の研究に関しては一貫した有意水準を用いるべきであり，有意水準を5%よりも上げる場合にはその理由を明確にするべきであろう．また，有意水準は必ずデータを収集する前に行わなければならず，検定統計量が求まった後に有意水準を決定するなどという操作は絶対に行ってはならない．これはじゃんけんでいえば後出しをするようなもので，後出しをするのなら，そもそもじゃんけんをする意味がないのと同様，検定統計量を求めた後で有意水準を決めるのであれば，そもそも検定を行う必要がないからである．

有意水準の決定は次節の「決定の際の2種類の誤り」やII巻の7章で説明する「効果を正しく効果と判定する力」（これを検定力という）とも関係の深い事項であり，検定の基礎でも実用の場面でも非常に大切な事項である．

3-5 決定の際の2種類の誤り

基準に従ってあることを決定する際には常に2種類の誤りが生じる．インフルエンザを例にとろう．インフルエンザの罹患の有無を検査する場合の誤りは，本当は罹患している患者を見逃す誤り（見逃し：miss，偽陰性：false negative ともいう）と，本当は罹患していない患者を罹患者としてしまう誤り（虚報：false alarm，疑陽性，false positive ともいう）の2種類である．また，誤りでない場合にも2種類あり，罹患者を正しく罹患者と判断する場合（当たり：hit）と罹患していない者を罹患していないと判断する場合（正しい棄却：correct rejection）の2種類である．この概念は心理科学を含め多くの分野でさまざまな形で登場する．

検定で帰無仮説についての決定を行う場合も全く同じように2種類の誤りがある．上の例では検査の結果の次元（陽性か陰性）と罹患の有無の次元の2つがある．検定の場合は決定の基準として有意水準（α）があり，それにしたがって

---

[7] このことは統計学者のピアソン(Pearson, K.)やネイマン(Neyman, J.)らの考え方によっており，このテキストもその考え方で書かれている．これとは別に統計学者のフィッシャー(Fisher, R.A.)の考え方によると有意水準の値が効果の強さを表しているという考え方もある．

表 3-1 検定の際の 2 種類の誤り

帰無仮説に ついての決定 \ 真の結果	帰無仮説は真 (効果なし)	帰無仮説は偽 (効果あり)
帰無仮説を棄却 (効果あり)	[a] 第Ⅰ種の過誤 α(有意水準)	[b] 正しく棄却 $1-\beta$(検定力)
帰無仮説を採択 (効果なし)	[c] 正しく採択 $1-\alpha$	[d] 第2種の過誤 β

帰無仮説の棄却か採択かが決定される。これがひとつ目の次元である。また操作が本当に(真に)効果があるのかないのかがもうひとつの次元となる。ただし検定の場合には真の効果の有無は実際にはわからない。この 2 つの次元が表 3-1 の分割表に示されている。

判断が誤りであるセルは 2 つある。虚報にあたるセル[a]と,見逃しにあたるセル[d]である。虚報(セル[a])は**第Ⅰ種の過誤**とよばれ,見逃し(セル[d])は**第Ⅱ種の過誤**とよばれる。**有意水準(α)は第Ⅰ種の過誤に相当する**。

第Ⅰ種の過誤のセル[a]では本当は帰無仮説が真(すなわち操作の効果がない)にもかかわらず検定の結果,帰無仮説を棄却して操作の効果があると決定するセルである。第Ⅱ種の過誤のセル[b]は,本当は帰無仮説が偽(操作の効果がある)であるにもかかわらず検定の結果,帰無仮説を採択して操作の効果がないと決定するセルである。第Ⅰ種の過誤[a]の生じる確率(すなわち有意水準)が α と表されているのに対して,第Ⅱ種の過誤[d]の生じる確率は β と表される。

正しい 2 つのセル(セル b とセル c)のうち,帰無仮説が本当は真であるときに正しく帰無仮説を採択する当たりのセル[c]は特に名前がつけられていない。もうひとつの正しいセル,帰無仮説が本当は偽であり正しく帰無仮説を棄却するセル[b]には**検定力**あるいは**検出力**(power)という名前がつけられている。

この 4 つのセルのうち特に重要なのはセル[a]の有意水準(α)とセル[b]の検定力である。**有意水準は「本当は効果がないのに,効果があると誤って判定してしまう確率」**であり,**検定力は「本当に効果がある時に,効果があると正しく判定する確率」**である。検定の利用者は,危険率を下げ検定力を高めたいと考える。しかし**有意水準と検定力は独立ではない**。次節ではこれについて述べる。

3-6 2種類の誤りへの対処

分割表の次元のひとつである帰無仮説の真偽の状態は誰にもわからない。しかし帰無仮説の棄却／採択は危険率を操作することにより検定の利用者が自由に基準を変えることができる。一見すると，危険率(α)を下げることによって検定を行う際に犯す誤りの確率を自由にコントロールすることができるように思える。しかし図3-2に示すようにα(第Ⅰ種の過誤の確率：有意水準)とβ(第Ⅱ種の過誤の確率)および検定力は相互に独立ではない。したがってαを下げることによって必ずしも検定の際に犯す誤りの確率を下げることや検定力を上げることはできない。

図3-2は帰無仮説が真である場合の標本分布と，帰無仮説が偽である場合(これを対立仮説H_1とよぶ)の標本分布を重ねて描いている。

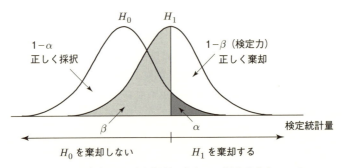

図3-2 帰無仮説と対立仮説のもとでの標本分布とα, β

簡単にするために標本分布は正規分布を，検定の方向性は片側(図では上側)検定の場合を描いているが，標本分布が正規分布でなくても，両側検定であっても図が複雑になるだけで本質は変わらない。また帰無仮説のもとでの標本分布と対立仮説のもとでの標本分布のピークのずれの大きさは実際にはわからない。

この図には分割表の4つのセルに相当する部分が描かれている。第Ⅰ種の過誤に対応するαは帰無仮説が真である場合(H_0のもとでの標本分布，すなわち図の左側の分布)の臨界値より右側の部分の面積として表される。臨界値の右側が臨界域すなわち帰無仮説を棄却できる領域である。この領域に検定統計量があるならば帰無仮説が棄却され操作の効果があると判断できる。

一方，第Ⅱ種の過誤に対応する β は帰無仮説が偽である(すなわち対立仮説が真である)場合(H_1のもとでの標本分布，すなわち図の右側の分布)の臨界値より左側の部分の面積である。また検定力は「帰無仮説が偽である，すなわち，対立仮説が真であるときに帰無仮説を棄却する確率」であるから，右側の分布の臨界値よりも右側の面積(確率で表せば $1-\beta$)に対応する。

　さてここで，検定の利用者が自由に操作できるのは危険率すなわち α の面積，さらにはそれによって決まった臨界値である。図から明らかなように α の面積を小さくし臨界値が大きくなれば，必然的に検定力が下がることになる。したがって危険率を下げてしまうと，誤って効果があると判断する確率(第Ⅰ種の過誤)は小さくなるものの，同時に検定力(効果があるときにきちんとそのように判断する確率)まで下がってしまう。すなわち**危険率を下げると同時に効果を正しく判断する検定力も下がってしまう**のである。

　危険率が低く検定力が高い検定が望ましいのであるが，検定という方法を用いる限りこのトレードオフは避けることができない。

　実際の実験や調査を行う場合は，危険率を下げつつ検定力を下げない，あるいは上げる2つの対処方法がある。ひとつは H_0 と H_1 のピークをできる限り離してやることである。こうすることにより危険率を下げても検定力がうける影響は少なくなる。

　もう一つは H_0 と H_1 それぞれのもとでの標本分布をスリムにしてやること，すなわち標準誤差を小さくすることである。こうするとふたつの標本分布のピークの位置を離さなくても，危険率を下げることによる検定力の低下を免れることができる。

　標準誤差($\sigma_{\bar{X}}$)は次の式

$$\sigma_{\bar{X}} = \frac{\sigma_X}{\sqrt{N}} \tag{3-5}$$

で決まる。したがって右辺の分母にある N を大きくしてやれば母分散(右辺の分子 σ_X)は変わらないので左辺の標準誤差は小さくなる。

　ではこの2つの考えは，実証研究の現場でどのように実現できるのだろうか？

　最初の対処法に関しては実は決め手となるような単一の手続きはない。しかし実験にせよ調査にせよ，事前の情報が全くない状態から始めることは極めて稀である。実験研究の場合を例にとるならば，過去に同様の手続きで行われた

実験の論文や研究室で蓄積されたデータ，自分で行った予備実験のデータなどの情報が入手できる．調査にしても同様であるが実証研究を行う際には，そのトピックに関する事前の情報をできるだけ集めるべきである．これは実証研究の特性上当然の手続きでもあるし，自分が行う実験や調査の協力者たちに無駄な負担をかけるべきではないとする点からも重要である．このような事前情報を集めた後に，慎重に実験・調査の材料や手続きを決定するべきである．このための予備実験や予備調査の実施の手間を惜しんではならない．また予備研究の場合は探索的な意味あいが強いので，検定にむやみにこだわる必要は全くない．このような手続きを踏んだ後に，できるだけ期待する効果が出やすいような，すなわち H_0 と H_1 のピークをできる限り離してやるような，計画をたてて実験や調査を行う．

　一般に心理科学の実証研究では実験や調査の再現（replication）はあまり重視されない傾向にある．しかし実証研究で，かつ，生き物という非常に多くの制御変数の影響を受けるものが対象である場合には，再現実験には積極的な意味がある．

　さてふたつ目の N を大きくすることは非常に簡単である．N は標本の大きさであるから，実験や調査の参加者数を増やせばこれが実現できる．

　これらの対処法はⅡ巻7章の検定力分析の説明のところで再び触れることにする．

4章　t検定：2つの平均値に関する検定

　前章では，検定の論理を説明するために母数が既知である例を用いた。しかし現実には母数は未知である。したがって前章の例の検定をそのままの形で用いることはできない。ここでは前章で用いた検定統計量 z を拡張して，母数が未知であっても使うことのできる t 検定を説明する。

　まず t 検定の説明に先だって，多くの検定で扱われるデータの構造の基本について説明をする。これは本章の t 検定のみならず，後の分散分析の章やその後のいろいろな検定の際にも用いられる。

4-1　要因と水準：データの構造

　表4-1には2種類のデータが示されている。いずれもあるテストの得点のデータだと思って欲しい。左のパネルには2つの学校のデータが示されており，両校とも5名，全部で10名のデータが示されている。一方右のパネルには，ある学校の中間テストと期末テストのデータが示されている。1行に1名分のデータが示されており人数は5名分である。それぞれの生徒は中間試験と

表 4-1　2種類のデータの構造

学　校			時　期	
A校	B校		中間	期末
21	30		21	30
25	28		25	28
22	34		22	34
24	32		24	32
23	36		23	36

期末試験の2回のテストを受けたのでデータの個数としては10個ある。

このような形式のデータは，実験や調査のデータを分析する際によく出てくるものであり，上に示したものはその最も基本的な形である。

このデータの「学校」や「時期」はデータを分類するための変数という意味から**分類変数**とよばれる。また「学校」のなかの「A校」や「B校」，「時期」のなかの「中間」や「期末」は分類変数の値である。分類変数は基本的には名義尺度の変数である。

また統計学では分類変数を**要因**(factor)と[1]，分類変数の値を**水準**(level)とよぶ。表4-1のデータは左右とも1要因2水準のデータであると言うことができる。1つの要因は必ずしも2つの水準しか持てないわけではなく3つ以上の水準をも持つこともできる。また要因は1つだけではなくて2つ以上の場合もある。このような要因の組み合わせによって表現できるデータ構造は**要因計画**(factorial design)とよばれる。

この章で説明するt検定は1要因2水準のデータ専用の検定である。1要因2水準以上の場合の分析は5章で説明する分散分析によって行う。

再び表4-1を見ると左パネルと右パネルで参加者の割り当て方が異なっているのがわかる。

左のパネルは各水準に別々の(独立の)学生が割り当てられており，全学生数は10名である。一方右のパネルは，5名の学生が中間と期末の2回繰り返して測定されている。したがって全学生数は5名である。

心理科学では左パネルのような「各水準に別々の(独立の)参加者が割り当てられている」要因を**参加者間要因**(between-participant factor)とよび，このようなデータを**対応のないデータ**，**独立のデータ**とよぶ。一方右パネルのような「参加者が水準数だけ繰り返して測定される要因」を**参加者内要因**(within-participant factor)とよび，このようなデータを**対応のあるデータ**，**独立でないデータ**とよぶ。また右パネルの対応のあるデータは**繰り返し測定**(repeated measure)とよばれることもある。

対応のないデータ(参加者間要因)の場合は各水準内での測定値の順序を入れ替えても，つまり表4-1の左のパネルの各行のデータのペアを崩してもデータの持つ意味は変わらない。しかし対応のあるデータ(参加者内要因)の場合は水

---

[1] factorは因子とも訳される。多変量解析のひとつであるfactor analysisは「因子分析」とよばれている。社会科学の分野ではt検定や分散分析に限っては要因と訳されることが多い。

準間で同一の参加者のデータがペアとして並んでいるので，各水準で勝手にデータの順序を入れ替えるとデータの意味がなくなってしまう。これが対応があるか否か，あるいは独立であるか否かの意味である。表の中の2つの水準を分けている縦線は，左パネルの参加者間要因では実線に，右パネルの参加者内要因では点線で記して区別している。この書き方は一般的な方法ではないが，要因の数が増えた場合でも一見してどの要因に対応があり，どの要因に対応がないかがわかる。

心理科学では通常，対応のない要因の各水準のことを**群**(group)とよび，対応のある要因の各水準のことを**条件**(condition)とよぶ場合が多い。しかしこれは絶対的なものではなく，研究領域にしたがってさまざまな呼び方がある。

4-2　t分布：新しい標本分布

3章の例では母数が既知であるとして検定統計量zを次のようにして求めた(3章のp.35参照)。

$$z = \frac{\overline{X} - \mu_X}{\frac{\sigma_X}{\sqrt{N}}} \tag{4-1}$$

この式ではμ_X(母平均)とσ_X(母標準偏差)が母数であり，本来その値は知ることができない。そのためこのままでは式の値を計算することができず，実用的な検定に用いることはできない。

そこで式(4-1)の母標準偏差を，1つの標本から計算できる標本標準偏差(S)に置き換えてみよう。すると式(4-1)は次のようになる。

$$t = \frac{\overline{X} - \mu_X}{\frac{S_X}{\sqrt{N}}} \tag{4-2}$$

z値は標準正規分布にしたがった。しかし式(4-2)で定義されるt値は**t分布**(t distribution)とよばれる分布に従う。t分布は母標準偏差の代わりに1つの標本の標準偏差値を用いていることから小標本の分布とよばれることもある。また分布の形は標本標準偏差(S_X)を算出するもとになる標本の大きさ(N)に依存する。このためにt分布には自由度(degree of freedom: df)というパラメー

タが付属している。また t 分布はその性質を明らかにした研究者の名前をつけてスチューデントの t 分布ともよばれる[2]。

図 4-1 はいくつかの自由度のもとでの t 分布を示している。

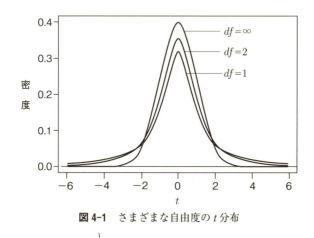

図 4-1 さまざまな自由度の t 分布

図から明らかなように t 分布は平均値が 0 であり、平均値に対応するピークがひとつある左右対称の分布である。また自由度が大きくなるにつれ分布がより尖り、自由度が∞の場合は標準正規分布と一致する。また t 分布はいずれの自由度の場合にも分布と横軸との間の面積が 1 となる。

4-1 節で説明した 1 要因 2 水準のデータは、この t 分布を用いた検定(t 検定)によって分析することができる。以下の節ではこれを含め、いくつかの場合に用いることのできる t 検定について説明をする。

---

[2] この分布はイギリスの統計学者であるゴセット(William S. Gosset: 1876-1937)によって 1908 年に発表された。当時ゴセットはギネスビールの醸造所に勤務しており、会社の方針で論文を発表することが禁じられていた。そこで彼は Student というペンネームを用いて「平均値の誤差の確率分布(The probable error of a mean)」というタイトルで論文を発表した(Student, 1908)。この論文の重要性は同じくイギリスの統計学者であり、分散分析などの業績でも有名なフィッシャー(Sir Ronald A. Fisher: 1898-1962)に認められ、ゴセットが当初 z としていた統計量にスチューデントに因んだ t という名前を与えた。

4-3　1つの変数についての t 検定：1つの変数の平均値が 0 であるか否か

　前章では標本平均値が母平均と等しいか否かについての検定を例として挙げた。ここでは，1つの変数の母平均が 0 であるか否か（これはしばしば「変数の平均値が 0 か否か」と簡略化されて記されることもある）を確かめる検定について説明をする。

　検定の手順は前章の z を検定統計量として用いた検定とほぼ同じであり，検定統計量として t を用いる部分が異なるだけである。

　この検定では帰無仮説は

　　　H_0：変数（X）の母平均は 0 である，すなわち $\mu_X = 0$

である。t 値は，

$$t = \frac{\overline{X} - \mu_X}{\frac{\sigma_X}{\sqrt{N}}} \tag{4-3}$$

であり，このままでは分子に X の母平均（μ_X）が残っている。しかし検定統計量は帰無仮説のもとで算出するのであるから分子は

$$\overline{X} - \mu_X = \overline{X} - 0 = \overline{X} \tag{4-4}$$

となり母数が消える。分母には統計量しか含まれていないので計算が可能である。分母の σ_X は母標準偏差の不偏推定値であるので，式(4-3)の分母は

$$\frac{\sigma_X}{\sqrt{N}} = \sqrt{\frac{\sum_{i=1}^{n}(X_i - \overline{X})^2}{N \cdot (N-1)}} = \sqrt{\frac{S_X^2}{N-1}} \tag{4-5}$$

となる。S_X^2 は標本分散である。これらから検定統計量 t は，

$$t = \frac{\overline{X}}{\sqrt{\frac{\sum_{i=1}^{N}(X_i - \overline{X})^2}{N(N-1)}}} = \frac{\overline{X}}{\sqrt{\frac{S_X^2}{N-1}}}, \quad df = N-1 \tag{4-6}$$

となる[3]。S_X^2 は標本の分散であり，N はデータの個数である。また自由度は

データの個数から 1 を引いたものとなる。

付表 B には有意水準と自由度に対応した t の臨界値が示してある[4]。計算した検定統計量 t が，該当する有意水準と自由度の臨界値以上であれば帰無仮説は棄却され，変数 X の平均値(母平均)は有意に 0 とは異なると判断される。

なお，t 値は正負いずれの値もとる。そして t 分布は左右対称であるので，t 値は正値で記すことが慣例となっている。

この t 検定は，ある変数の値が 0 以外の定数，たとえば合格点の 80 など，であるか否かを調べる検定としても用いることができる。手続きは単純で，全てのデータからターゲットとなる定数，たとえば 80，を引いた値を用いて t 値を求めれば良い。

次のような例を考えてみよう。

熱中症の予防と応急処置についてのパンフレットがあり，そのパンフレットを用いた 15 分程度の説明のビデオがある。このパンフレットとビデオの組み合わせによって熱中症についての説明をし，直後に理解度テストを行う。テストは 30 点満点で 21 点が合格点である。この説明のビデオはできが悪いらしく，理解度テストのこれまでの平均成績は約 17 点であった。そこで新しいビデオを作り理解度テストの成績を上げる試みを行った。新しいビデオで説明を受けた 10 名の参加者のテストの成績は表 4-2 の通りであった。新しいビデオは理解度を高めると言えるであろうか？ 有意水準 5% の両側検定[5]で t 検定を行ってみよう。

帰無仮説は，

　　　H_0：新しいビデオの効果がない，すなわち合格点 21 点との差がない

あるいは

　　　H_0：得点と合格点 21 点との差の変数の母平均が 0 である

である。

---

3) 分散の不偏推定値 σ_X^2 (分母が $N-1$ のもの) を用いた場合には t 値は，$t = \dfrac{\bar{X}}{\sqrt{\dfrac{\sigma_X^2}{N}}}$ となる。

4) Excel では t 値の出現確率は TDIST(t 値，自由度，検定の方向) で求めることができる。検定の方向は 1 の場合片側を，2 の場合両側を指定する。しかし後述の Welch の検定で必要になる小数の自由度には対応していない。この問題に対応するには補遺 5 を参照のこと。また臨界値は TINV(有意水準，自由度) で求めることができる。

5) 以下の例では特にことわらない限り両側検定を行う。

表 4-2 熱中症の予防と応急処置のテスト結果

	テストの得点	合格点 21 点との差
	26	5
	29	8
	22	1
	18	－3
	24	3
	25	4
	18	－3
	30	9
	27	6
	20	－1
平均	23.9	2.9
標準偏差	4.09	4.09

検定統計量を求めるためのデータは，得点と合格点との差を用いる。検定統計量と自由度は，

$$t = \frac{\overline{X}}{\sqrt{\frac{S_X^2}{N-1}}} = \frac{2.9}{\sqrt{\frac{4.09^2}{10-1}}} = 2.13, \quad df = N-1 = 10-1 = 9 \qquad (4\text{-}7)$$

である。両側検定で有意水準が 5%，$df = 9$ の臨界値は $t_{0.05;9} = 2.26$ であり求めた検定統計量はこれより小さいため棄却域外である。したがって帰無仮説は棄却されず，新しいビデオの効果はないと結論することができる。

レポートなどに検定結果を記す場合には，

> 新しいビデオの効果について t 検定を用いて調べたところ，理解度テストの平均点と合格点との間には統計的に有意な差が見いだせなかった($t = 2.13, df = 9, n.s.$)。

と記す[6]。

結果が有意である場合(この数値例で仮に有意水準を 10%にした場合)にはたとえば，

新しいビデオの効果についてt検定を用いて調べたところ,理解度テストの平均点と合格点との間には統計的に有意な差が見いだせた($t = 2.13$, $df = 9$, $p < .10$)。

などというように記す。またt検定の場合には検定統計量のtが1以下である場合には,どのような自由度であっても有意ではないので,検定統計量を$t < 1$と記す場合が多い。

4-4 対応のあるデータについてのt検定

表4-1の右のパネル,すなわち対応のあるデータについて,時期という要因がデータに何らかの効果を及ぼしているか否かを検定することを考える。水準が2つの場合の要因の効果は,それぞれの水準の平均値に「差」があるか否かを検討することと同義である[7]。

この場合のt検定は「対応のある場合のt検定」とよばれ,前節で説明したひとつの変数の平均値が0であるか否かのt検定と全く同じように考えることができる。

データには2つの水準があり,各々の水準に平均値があるから2つの平均値があるように見える。しかし対応のあるデータについてのt検定では,個人の中で2つの水準のデータの差(差のスコア。以下ではDとする)をとり,それを素点としてその素点の平均値が0であるか否かを検定すればよい。

帰無仮説は,

H_0:変数(D)の母平均は0である,すなわち $\mu_D=0$

あるいは,

---

6) 検定の結果が有意でない場合は検定統計量の記述を省略する場合もある。また「*n.s.*」は有意でないこと(non-significant)を表す略号でありしばしば用いられる。有意水準を明示したい場合には$p > .05$などと記してもかまわない。レポートや論文などでの検定結果の記述には,さまざまなスタイルがあるので,実際にはそれらを参照のこと。ただしいずれの場合も検定統計量,自由度,有意水準,帰無仮説の採否については記載が必須である。またⅡ巻7章で説明する効果量も,多くの場合記載することが望ましい。詳細はⅡ巻7章を参照。

7) どのような検定であれ,検定の目的はあくまでもデータに対する要因の「効果」の有無を検討することが目的である。このため**「差」という言葉が使えるのは水準が2つある場合に限られる**。後の章で説明する分散分析には3水準以上の,すなわち3つ以上の平均値が登場するが,この場合は「差」という言葉は使ってはならない。これはレポートや論文を書く際に十分注意をしなければならない。

表 4-3 中間と期末の試験の成績と差のスコア

	時期		差のスコア
	中間	期末	(D)
	21	30	9
	25	28	3
	22	34	12
	24	32	8
	23	36	13
平均値	23	32	9
S_D^2			12.4

H_0：ふたつの水準の平均(母平均)は等しい
である。

具体的には表 4-3 のように期末のデータから中間のデータを引き，差のスコア(D)を計算し，差のスコアの平均値($\overline{D}$：例の場合は 9)を求める(逆に中間から期末を引いても良い．ただしその場合は差のスコアの符号が反転し，結果として t 値の符号も反転する)．

この後の手順は前節の場合と同様で，次の式で検定統計量の t 値を求める[8]．

$$t = \frac{\overline{D}}{\sqrt{\frac{\sum_{i=1}^{N}(D_i-\overline{D})^2}{N(N-1)}}} = \frac{\overline{D}}{\sqrt{\frac{S_D^2}{N-1}}}, \quad df = N-1 \tag{4-8}$$

式の中の S_D^2 は差のスコアの分散，N は差のスコアの個数(参加者数)である．表 4-3 の数値例で実際に t 値と自由度を求めると，

---

[8] この式の S_D は標本の標準偏差である．分散の不偏推定値 σ_D^2 (分母が $N-1$ のもの)を用いた場合には t 値は，$t = \dfrac{\overline{X}}{\sqrt{\dfrac{\sigma_D^2}{N}}}$ となる．

$$t = \frac{\overline{D}}{\sqrt{\dfrac{S_D^2}{N-1}}} = \frac{9}{\sqrt{\dfrac{12.4}{5-1}}} = \frac{9}{\sqrt{3.10}} = \frac{9}{1.76} = 5.11, \quad df = N-1 = 5-1 = 4$$

(4-9)

となり，t 値は 5.11，自由度は 4 となる。

付表 B より，両側検定で有意水準が 5%，自由度が 4 の場合の臨界値は $t_{0.05;4} = 2.78$ であるから，求めた t 値はこれより大きく臨界域内にある。したがって帰無仮説は棄却され，中間と期末の平均値の間には統計的に有意な差がある，と決定することができる。

レポートなどに検定結果を記す場合には，

　　中間テストと期末テストの平均値間の差について t 検定を用いて調べたところ，期末試験の平均点は中間試験の平均値よりも統計的に有意に高いことが確認された（$t = 5.11$, $df = 4$, $p < .05$）。

と記す。

4-5　対応のないデータについての t 検定

表 4-1 の左のパネル，すなわち対応のないデータについて，学校という要因の効果を検定することを考える。この場合にも基本的には式 (4-3) を使うが，少しだけ考え方が複雑になる。

母集団と標本，標本分布の説明（2 章）では母集団が 1 つだけであった。対応のない t 検定ではそれぞれの水準に対応した母集団，すなわち 2 つの母集団が登場する。

図 4-2 は，2 つの母集団とそれからつくられる 1 つの標本分布を示している。

図 4-2 に示されているように，対応のない t 検定ではそれぞれが独立の 2 つの母集団（それぞれ A と B とする）から，大きさがそれぞれ N_A，N_B の標本を抽出する（図ではそれぞれ 5）。そしてそれぞれの標本から，標本平均の差（$\overline{X}_A - \overline{X}_B$）を算出する。それぞれの母集団からの標本は∞個あるから，この標本平均の差も∞個ある。この標本平均の差を要素として標本分布を作る。

対応のない t 検定では，この標本分布が t 分布に従うことを利用して検定を行う。t 値の定義式は，

$$t = \frac{\overline{X} - \mu_X}{\frac{S_X}{\sqrt{N}}} = \frac{標本平均 - 母平均}{標本分布の標準誤差} \qquad (4\text{-}10)$$

であった．対応のない t 検定の帰無仮説は，

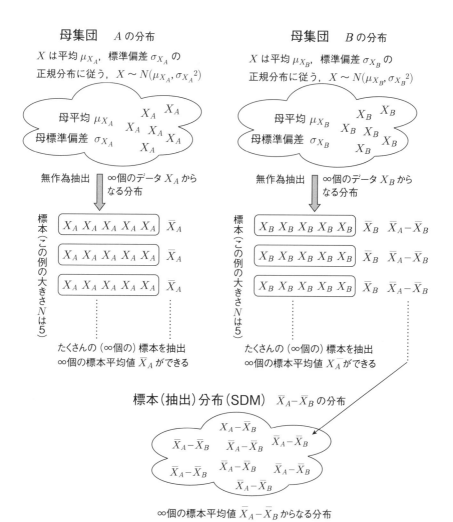

図 4-2　2つの母集団とそれからつくられる1つの標本分布

H_0:2つの水準(A と B)の母平均は等しい,すなわち $\mu_A = \mu_B$

である。式(4-10)の $\overline{X}$ は $\overline{X}_A - \overline{X}_B$ に置き換わる。また μ_X は $\mu_A - \mu_B$ に置き換わり帰無仮説のもとで計算するため,この2つの母平均は等しい。したがって式(4-10)の分子は,

$$\overline{X} - \mu_X = (\overline{X}_A - \overline{X}_B) - (\mu_A - \mu_B) = (\overline{X}_A - \overline{X}_B) - 0 = \overline{X}_A - \overline{X}_B \quad (4\text{-}11)$$

となり母数がなくなる。

分母の標本分布の標準誤差,すなわち2つの母集団から抽出された標本の差を要素とする標本分散の標準誤差($S_{\overline{X}_A - \overline{X}_A}$)は,

$$S_{\overline{X}_1 - \overline{X}_2} = \sqrt{\frac{N_A S_A{}^2 + N_B S_B{}^2}{N_A + N_B - 2}\left(\frac{1}{N_A} + \frac{1}{N_B}\right)} \quad (4\text{-}12)$$

となることがわかっている[9]。したがって対応のない t 検定の検定統計量と自由度は,

$$t = \frac{\overline{X}_A - \overline{X}_B}{\sqrt{\dfrac{N_A S_A{}^2 + N_B S_B{}^2}{N_A + N_B - 2}\left(\dfrac{1}{N_A} + \dfrac{1}{N_B}\right)}},$$

$$df = (N_A - 1) + (N_B - 1) = N_A + N_B - 2 \quad (4\text{-}13)$$

となる[10]。ここで $\overline{X}$ は各水準の標本平均値,N は各水準のデータ数,S^2 は各水準の分散を表している。

表4-1の左パネルに示されたデータに対して t 値と自由度を求めると,

---

9) これは2つの水準の標本標準偏差をそれぞれのデータ数で重みづけした平均値である。
10) 標本標準偏差 S の代わりに母標準偏差の不偏推定値 σ を用いた場合には t 値は以下のようにして求められる。

$$t = \frac{\overline{X}_A - \overline{X}_B}{\sqrt{\dfrac{(N_A - 1)\sigma_A{}^2 + (N_B - 1)\sigma_B{}^2}{N_A + N_B - 2}\left(\dfrac{1}{N_A} + \dfrac{1}{N_B}\right)}}$$

$$t = \frac{\overline{X}_A - \overline{X}_B}{\sqrt{\dfrac{N_A S_A{}^2 + N_B S_B{}^2}{N_A + N_B - 2}\left(\dfrac{1}{N_A} + \dfrac{1}{N_B}\right)}} = \frac{23 - 32}{\sqrt{\dfrac{5 \cdot 2 + 5 \cdot 8}{5 + 5 - 2}\left(\dfrac{1}{5} + \dfrac{1}{5}\right)}}$$

$$= \frac{-9}{\sqrt{\dfrac{50}{8} \cdot \dfrac{2}{5}}} = \frac{-9}{\sqrt{2.5}} = -5.69 \tag{4-14}$$

$$df = N_A + N_B - 2 = 5 + 5 - 2 = 8 \tag{4-15}$$

となる。$t_{0.05;8} = 2.31$ であり，求めた t 値は臨界域内にあるから，数値例の場合では帰無仮説が棄却され学校の効果が有意であると決定できる。

2つの水準のデータ数が等しい場合には，式(4-13)は少し単純になる。各水準のデータ数が等しく，それを N とする($N_1 = N_2 = N$)と，t 値と自由度を求める式は，

$$t = \frac{\overline{X}_A - \overline{X}_B}{\sqrt{\dfrac{S_A{}^2 + S_B{}^2}{N - 1}}}, \quad df = 2(N-1) = 2N - 2 \tag{4-16}$$

となる。

表4-1の左のパネルの数値例を用いて t 値と自由度を計算すると，

$$t = \frac{\overline{X}_A - \overline{X}_B}{\sqrt{\dfrac{S_A{}^2 + S_B{}^2}{N - 1}}} = \frac{23 - 32}{\sqrt{\dfrac{2 + 8}{5 - 1}}} = \frac{-9}{\sqrt{2.5}} = -5.69, \quad df = 2N - 2 = 2 \cdot 5 - 2 = 8 \tag{4-17}$$

となり，式(4-14)で求めた値と一致する。

A校とB校のどちらをひとつ目の水準に割り当てても構わない。上記の計算例と逆に割り当てても t 値の符号が変わるだけで検定結果は同一になる。

レポートなどに検定結果を記す場合には，

A校とB校のテストの平均得点の間の差について t 検定を用いて調べたところ，B校はA校よりも平均点が統計的に有意に高いことが確認された($t = 5.69, df = 8, p < .05$)。

と記す。

4-6 参加者マッチング

対応のないデータであっても，対応のある t 検定が使える場合がある。

表 4-1 の左側のパネルは別々の 2 つの学校の学生の成績が並んでいるが，別の情報（たとえばこのテスト以外の成績の情報など）を用いて，左右に並んだ学生の学力にマッチングがとれているような場合である。マッチングがとれているというのは，たとえば両校で同一の学力試験が実施されていて，表の左右に並んだ学生が同程度の学力がある，と見なされるような場合である。

心理科学では，ある実験課題を実施する前に，その課題と関連のある別の課題を行い，その結果で被験者をいくつかの層にわけるという手続きが用いられることがある。このような場合や，ラットを用いた動物実験などでは同腹の 2 匹の仔をそれぞれの水準に割り当てるというような場合もある。このようにして得られたデータを，参加者マッチングがなされたデータとよぶ。

参加者マッチングがなされたデータは，形式上は対応のないデータであっても，対応のあるデータとして扱うことができ，対応のある t 検定を用いて分析することができる。

4-7 t 検定を実施する際の注意点

単一の変数に関する t 検定や対応のあるデータに対する t 検定は母集団の分布が正規分布に従っていること（母集団の正規性）を前提としている。また対応のない t 検定は 2 つの母集団を仮定しており，2 つの母集団の正規性に加え，母分散が同じであること（等分散性）を前提としている。母分散は実際に確かめることができないので，必要に応じてII巻 6 章で説明する等分散性の検定を行う。しかし，全体のデータ数が大きく，さらに各水準のデータ数がほぼ同じであれば，t 検定は母集団の正規性や等分散性に関して頑強である。すなわち，正規性や等分散性が多少損なわれていても検定結果に影響を及ぼさないといわれている。

理論的根拠はないが，実際には対応のない t 検定の場合，各水準のデータ数が 8～10 程度以上のデータに対して行うべきであろう[11]。また，検定は結果の一般化を行うのが目的であるから，少数のデータに対しては検定を行う意味

---

11) データ数についての話題はII巻 7 章も参照のこと。

はない。データが少数である場合には別の分析手段を用いるべきである。

4-8 等分散性についての検定とウェルチの検定

　対応のない t 検定で仮定する 2 つの水準に対応する母集団が，それぞれ正規分布に従うか否かを検定することは，シャピロ-ウィルクの検定やコルモゴロフ-スミルノフ検定を用いて確かめることができる[12]。また等分散性についてはバートレットの検定などを用いて検討することができる。等分散性の検定の詳細についてはⅡ巻 6 章で説明する。

　母集団が正規分布に従っていない場合，2 つの対応のないデータの代表値についてはマン-ホイットニーの U 検定を用いて検討することができる。これらはⅡ巻 5 章で説明する。

　さて上記の検定で 2 つの母集団に分散の等質性が認められないときにはウェルチの検定(Welch's test)という t 検定を拡張した検定を用いる。

　ウェルチの検定の検定統計量は t であり，検定統計量 t_{Welch} は，

$$t_{\text{Welch}} = \frac{\overline{X}_A - \overline{X}_B}{\sqrt{\dfrac{S_A{}^2}{N_A-1} + \dfrac{S_B{}^2}{N_B-1}}} \tag{4-18}$$

で求めることができ，自由度 (df_{Welch}) は

$$df_{\text{Welch}} = \frac{\left(\dfrac{S_A{}^2}{N_A} + \dfrac{S_B{}^2}{N_B}\right)^2}{\dfrac{S_A{}^4}{N_A{}^2(N_A-1)} + \dfrac{S_B{}^4}{N_B{}^2(N_B-1)}} \tag{4-19}$$

で近似的に求めることができる。

　数値例では水準 A の平均は 23，分散は 2 (標準偏差は 1.41)，水準 B の平均は 32，分散は 8 (標準偏差は 2.83)であるので，t 値は

$$t_{\text{Welch}} = \frac{\overline{X}_A - \overline{X}_B}{\sqrt{\dfrac{S_A{}^2}{N_A-1} + \dfrac{S_B{}^2}{N_B-1}}} = \frac{23-32}{\sqrt{\dfrac{2}{5-1} + \dfrac{8}{5-1}}} = -5.69 \tag{4-20}$$

---

12) 本書では詳しく触れないが補遺 5 でソフトウェアを用いた計算方法について述べる。

となる。また自由度は

$$df_{\text{Welch}} = \frac{\left(\dfrac{S_A^2}{N_A}+\dfrac{S_B^2}{N_B}\right)^2}{\dfrac{S_A^4}{N_A^2(N_A-1)}+\dfrac{S_B^4}{N_B^2(N_B-1)}} = \frac{\left(\dfrac{2}{5}+\dfrac{8}{5}\right)^2}{\dfrac{1.41^4}{5^2(5-1)}+\dfrac{2.83^4}{5^2(5-1)}} = 5.88$$

(4-21)

となる。

この場合自由度（df）は数値例のように小数になる場合もある。付表Bを用いる場合は，第Ⅰ種の過誤を小さくする意味から，求めた自由度より小さな一番近い整数値，数値例の場合は5を用いる[13]。

母集団が等分散でないときにどのように対処するかという問題については多くの議論がある。t検定でたとえ有意な効果が確認されたとしても明確な結論は後の研究を待つという考え方や，徹底した場合は，そもそも母集団の等分散性が棄却された時点で平均値に関する検定は無意味であると主張する場合もある。また等分散性の検定と t 検定の2段階の検定を行う事に関しても議論があり，最初からマン-ホイットニーの U 検定（Ⅱ巻5章参照）を使うべきであるという主張もある。

また t 検定を行うにせよ，ウェルチの検定を行うにせよ，その前に分散の等質性の検定を行わなくてはならない。そのため1つのデータに対して複数の検定を行うことになり，第Ⅰ種の過誤の累積が避けられなくなる。このため，対応のない2水準のデータについては最初からウェルチの検定を行うべきであるという考え方もある。

母集団の分布に正規性を仮定しない検定のことをノンパラメトリック検定，あるいは分布に関わらない検定（distribution-free test）とよぶ。一方，母集団が正規分布に従うことを前提とする検定はパラメトリック検定とよぶ。マン-ホイットニーの U 検定はノンパラメトリック検定のひとつである。実際の心理科学の現場ではフィールドが限られているなどの理由で十分なサイズのデータが得られない場合も多々ある。そのような際には積極的にノンパラメトリック検定を行うことが必要である。

---

[13] 正確に求めるにはソフトウェアを用いるのが便利である。補遺5を参照。

4-9 検定を連続して使用する場合の問題点

3つの水準があるようなデータでは，水準の全てのペア(3つのペア)それぞれについて t 検定を繰り返して分析できると考えるかも知れない。しかしこれは明白に誤りである。なぜならこのようにひとつのデータに対して複数の検定を行う場合には，個々の検定の有意水準を固定したとしても，検定の組全体の第Ⅰ種の過誤は累積する。たとえばひとつのデータに対して，個々の検定の有意水準(第Ⅰ種の過誤の確率)を α として n 回の検定を繰り返した場合，全体の第Ⅰ種の過誤の確率(α_{all})は式(4-22)のようになる。

$$\alpha_{all} = 1-(1-\alpha)^n \tag{4-22}$$

たとえば3水準のデータについて，は水準2つの組み合わせは3種類になる。この式によって計算すると，危険率5%の t 検定を3回繰り返した場合には，全体の危険率は14.26%になってしまう。

検定における決定とは，第Ⅰ種の過誤の確率(危険率)を伴うものであって，決して白黒がはっきり確定するものではなく，つねにある確率で誤りをおかす可能性がある。したがって2つの検定を1つのデータに対して行う際には，最初の決定で帰無仮説が棄却されたとしても，その決定は確率 α で間違っている可能性がある。そのもとで次の検定を行って帰無仮説が棄却された場合は，全体としての第Ⅰ種の誤差は累積してしまう。このため3水準以上のデータでは t 検定を繰り返して用いることはできない。これは**検定の多重性**の問題とよばれている。Ⅱ巻1章では3つ以上の水準のあるデータの分析方法について説明する。

5章　度数と比率についての検定：χ^2検定

　これまでの章では比例尺度の変数を対象とする検定を扱ってきた。しかし心理科学，行動科学の領域ではそれ以外の尺度のデータを扱うことも多い。
　この章では名義尺度のデータを対象とした検定について説明をする。名義尺度の変数に対しては基本的に「数を数える」という操作しかできない。したがって名義尺度の変数に対する検定は，度数および度数に基づいた比率についての検定ということになる。この章では名義尺度に対する代表的な検定であるχ^2(カイ2乗)検定について説明する。

5-1　分割表

（1）　χ^2分布

　χ^2検定で算出する検定統計量は近似的にχ^2分布にしたがい，この性質を

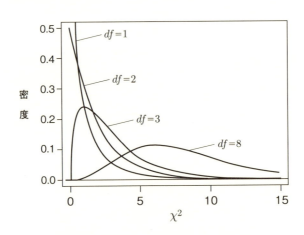

図 5-1　いくつかの自由度をもつχ^2分布

利用して検定を行う．χ^2分布はひとつの自由度を持ち，図 5-1 に示すような自由度によって分布の形が変わる正に歪んだ分布である．χ^2値は非負の値をとる．図 5-1 にはいくつかの自由度の χ^2 分布が示されている．

(2) 分割表

χ^2検定の対象になるのは度数のデータであり，もとの測定値は**分割表**（contingency table）という形にまとめられる．たとえば，ある意見に対して投票を行い 10 名の参加者から「賛成・反対・白票」という反応(変数 R)とそれぞれの参加者の性別(変数 G)を測定したとしよう．これらの変数は名義尺度の変数であり，値は変数 R では「賛成・反対・白票」の 3 種類，変数 G では「男性・女性」の 2 種類である．次の表 5-1 のようなデータがあるとすると，

表 5-1　10 名の参加者の反応と性別のデータ

参加者	1	2	3	4	5	6	7	8	9	10
反応(R)	白	反	反	賛	反	賛	賛	白	賛	反
性別(G)	男	女	女	女	男	男	女	男	男	男

反応(R)については

表 5-2　反応の頻度と周辺度数

	賛成	反対	白票	合計
反応(R)	4	4	2	10

性別(G)については，

表 5-3　性別の頻度と周辺度数

	男性	女性	合計
性別(G)	6	4	10

と変数の値ごとの頻度をまとめることができる．

この例が分割表の最も単純な形であり，変数が 1 つであるので 1 次元の分割表とよばれる[1]．また表には合計の欄が記されているが，これを周辺度数とよぶ．これらの表ではデータが行方向[2]に並んでいるので，この周辺度数を特に

行方向の周辺度数とよぶ。周辺度数は度数の検定の際に重要な働きをする。

数値例の測定値には2つの変数が含まれているので，次の表5-4のように2次元の分割表を作ることができる。

表5-4 性別と反応についての2次元の分割表と周辺度数

反応(R) \ 性別(G)	賛成	反対	白票	性別合計
男性	2	2	2	6
女性	2	2	0	4
反応合計	4	4	2	総合計：10

表には性別(G)の値の種類2個と反応(R)の値の種類3個を組み合わせた6個のセルがあり，各セルにはそれぞれの変数の値の組み合わせに対応したデータの度数が記入されている。また行と列それぞれの周辺度数と総合計も記されている。行方向周辺度数は性別の合計であり，列方向周辺度数は反応別の合計である。

このような表は2次元の分割表や，性別(2)×反応(3)の分割表，性別と反応のクロス集計表などとよばれる。また変数を増やせばさらに多次元の分割表を作ることもできる。

分割表で表された頻度のデータに対してはχ^2検定を用いることが多い。この章ではまず良く用いられる3種類のχ^2検定について説明する。いずれの検定においてもχ^2値は観測されたi番目の度数(O_i)と，それに対応する期待度数(E_i)から，

$$\chi^2 = \sum_{i=1}^{k} \frac{(O_i - E_i)^2}{E_i}, \quad df = k-1 \tag{5-1}$$

のように計算される。また自由度はたし合わせる項目の個数をkとした場合，式のように$k-1$となる[3]。式からも明らかなように**χ^2値は非負の値をとる**（分子は2乗であるので式の値は必ず非負になる）。

---

1) 通常は1次元の分割表という表現より頻度表などとよばれることが多い。
2) 表の横の並びを行(row)，縦の並びを列(column)とよぶ。

χ^2検定は，母集団の分布に特定の分布，たとえば正規分布などを仮定しない。そのため分布に依存しない検定という意味で**ノンパラメトリック検定**とよばれる[4]。一方，t検定や分散分析は標本分布が特定の分布，この場合は正規分布に従うことを前提としているので**パラメトリック検定**とよばれる。

5-2 適合性の検定

サイコロは，もし正確に作ってあれば1から6までの目が等確率で出るはずである。ある1つのサイコロを実際に60回振って出た目を記録すると，各目が10回ずつ出ることが期待されるだろう。ところが実際にはサイコロの精度や振り方などさまざまな要因が影響し，出る目の数は常に各目が10にはならず，測定ごとに異なる。

この異なり方が偶然の結果なのか，あるいはそうでないかを判断するのが適合性の検定である。サイコロの例でいうならば，各目が10回ずつ出るというのは正しいサイコロの構造から導かれた**期待度数**(式(5-1)ではE_i)であり，ある測定で得られた結果は**観測度数**(式(5-1)ではO_i)である。期待度数は**理論度数**，観測度数は**実現度数**ともいう。適合性の検定では下の例に示すように，観測度数と期待度数が適合するか否かを判断する。

表5-5の例では小学生から100名の参加者を無作為抽出し，「自分がペットにしたいのはイヌとネコのどちらか？」という質問を行い，その問いにイヌ，あるいはネコと答えた頻度(仮想データ)である。

表 5-5　イヌとネコの選好についてのデータと期待度数

選好(X)	イヌ	ネコ	周辺度数
観測度数	64	36	100
期待度数	50	50	100

観測度数の行には実際に観測された値が記されている。また期待度数の行には観測された変数Xの2つの値，すなわちイヌとネコに選好の偏りがない場合の値が記されている[5]。

---

3) Excel では χ^2 値の出現確率は CHIDIST(χ^2値，自由度)で，臨界値は CHIINV(有意水準，自由度)で求めることができる。

4) 他のノンパラメトリック検定については II 巻 5 章を参照。

X(選好を表す名義尺度の変数)の値の数を k とする(この場合は 2)とすると,適合性の検定での帰無仮説は,

$$H_0 : \frac{O_i}{N} = \frac{E_i}{N}, \quad i=1, \cdots, k \tag{5-2}$$

である。すなわち帰無仮説は「期待度数と観測度数に違いがない」ということになる。また χ^2 と自由度はそれぞれ,

$$\chi^2 = \sum_{i=1}^{k} \frac{(O_i - E_i)^2}{E_j} = \sum_{i=1}^{2} \frac{(O_i - E_i)^2}{E_j}$$
$$= \frac{(64-50)^2}{50} + \frac{(36-50)^2}{50} = 7.84 \tag{5-3}$$

$$df = k-1 = 2-1 = 1 \tag{5-4}$$

となる。

$\chi^2_{.05;1}$ は付表 C では 3.84 であり,ここで得られた検定統計量は臨界域内であるので帰無仮説は棄却され,ペットの選好に統計的に有意な偏りがあると判断される。

レポートなどには,その時の文脈によって「イヌとネコの選好に偏りがある」や,「イヌがネコよりも好まれる」というようなわかりやすい記述をする。たとえば,

イヌとネコの選択について χ^2 検定を行ったところネコよりもイヌに対する選好が統計的に確認された($\chi^2 = 7.84$, $df = 1$, $p < .05$)。

などと記す。

式(5-1)で求めた検定統計量 χ^2 はセルの中の頻度や総頻度が大きな場合には χ^2 分布に従うと見なして良いが,そうでない場合[6]には次に示すようなイェーツの連続性の修正を使って検定統計量を求める。

---

[5] 期待度数は通常,χ^2 検定の対象となる名義尺度の変数の値の種類(この例なら 2)で全度数を割った数になる。しかし,特別の研究仮説がある場合にはこの限りではない。たとえば日本人の血液型の発現率は A:B:AB:O がおおよそ 4:2:1:3 とされている(日本赤十字社 http://www.jrc.or.jp/blood/knowledge/tipe/index.html)が,ある集団の血液型の比率が一般の日本人の集団と異なるかどうかを調べる際にはこの比率で周辺度数を分割して適合性の検定を行う。

$$\chi^2 = \sum_{j=1}^{k} \frac{(|O_j - E_j| - 0.5)^2}{E_j}, \quad df = k-1 \tag{5-5}$$

5-3 変数の独立性の検定

この節では名義尺度の2つの変数の独立性に関する検定を説明する。

前節の数値例では小学生から100名の参加者を無作為抽出し、名義尺度の変数である選好(X)の測定値を得た。別の100名から、ペットの選好と同時にもう一つの名義尺度の変数である性別(Y)を測定していたとしよう。この100名のデータから2つの変数についての分割表(クロス集計表)を作ると表 5-6 のようになった(仮想データ)。

表 5-6 イヌとネコの男女別の選好と周辺度数

性別(Y) \ 選好(X)	イヌ	ネコ	行方向周辺度数
女子	[a] 25	[b] 40	65
男子	[c] 25	[d] 10	35
列方向周辺度数	50	50	総度数：100

表には各セルの度数に加えて、行方向周辺度数(男女別の合計値を表す)と列方向周辺度数(イヌ・ネコ別の合計値を表す)、総度数が記されている。またセルの中のかっこ内には各セルをあらわすアルファベットが示されている。

(1) 名義尺度の変数の独立性

2つの変数が独立である／独立ではないとはどういうことだろうか？ 1章でピアソンの積率相関係数(通常 r で表される)を説明した。ピアソンの r は比

---

6) χ^2 分布は連続量の分布であり、一方分割表から計算される χ^2 値は離散量であり近似的に χ^2 分布に従う。このため分割表の総頻度が小さい場合などは近似の精度が悪くなるためにイェーツの連続性の修正を行う。よく使われる基準に「自由度が1で、5以下の期待度数がひとつでも存在する」などがあるが諸説ある。II巻6章で説明するするフィッシャーの正確確率検定はこのような基準に関わりなく常に使うことができる。

例尺度の変数に対して用いられ，-1から+1の値をとり，絶対値が1に近づくほど2つの変数の間の直線関係が強いことを表している。2つの変数 X と Y の間に完全な正の相関(すなわち $r=1$)があるということは，X がわかれば Y が完全に予測できる，あるいは Y がわかれば X が完全に予測できるということである。このことを X と Y は独立ではないと表現する。たとえば人の身長と体重の間には強い正の相関関係がある。これは身長がわかればおおよその体重が予測できる，あるいは体重がわかればおおよその身長が予測できることを表している。しかし相関係数が1ではないので，完全な予測はできない。しかし身長と体重は他方がわかればもう一方をある程度予測できるので，独立ではないということができる。

これに対してたとえば，変数 X がある人の身長を表し，変数 Y がその人の持っている携帯電話の番号の末尾4桁の数字を表すとする。その場合には X と Y の間にはおそらく相関がなく($r \fallingdotseq 0$)，片方の変数の値がわかっても他方の変数の値を予測できない。このような場合に，2つの変数は独立であるという。

さて表5-6の2つの変数は名義尺度のデータであるので，ピアソンの積率相関係数(比例尺度，あるいは間隔尺度のデータで使える)や順位相関係数(スピアマンの ρ (ギリシア文字のロー)やケンドールの τ (ギリシア文字のタウ，いずれも順序尺度のデータで使える)などを用いることはできない。

表5-7はサンタクロースがいるかいないかを3歳児と5歳児各6人に問うた結果を表している(仮想データ)。これらは名義尺度の2つの変数 Y(年齢：3歳／10歳)と S(サンタクロースが：いる＝○印／いない＝×印)についての2×2の分割表である。

表5-7の2次元の分割表それぞれについて求めた χ^2 値が各パネルの下に示

表5-7 サンタクロースがいるかいないかについての
3歳児と5歳児の反応についての分割表

S \ Y	3歳	5歳
○	5	1
×	1	5

$\chi^2 = 5.33$

S \ Y	3歳	5歳
○	5	1
×	5	1

$\chi^2 = 0.00$

S \ Y	3歳	5歳
○	3	3
×	3	3

$\chi^2 = 0.00$

されている。χ^2値は非負の値をとり，0の時に2つの変数は完全に独立であり，値が大きくなるにつれて2つの変数の間の独立性は低くなる。

表5-7の左のパネルではχ^2値が0から離れているので変数SとYは独立であるとはいえない。また中央と右のパネルではχ^2値が0であるので変数SとYは完全に独立である。

変数が独立であることを上の数値例に照らし合わせるとどうなるのであろうか？　中央のパネルでは3歳児であろうと5歳児であろうと半数はサンタクロースがいると答えている。したがってサンタクロースの有無について年齢差はないといえよう。すなわち年齢(Y)に関係なくサンタクロースへの反応(S)が決まっている。このことをYとSは独立であると表現する。これは右のパネルでも同様である[7]。

一方，左のパネルでは○反応は3歳児から5歳児になるにつれて減っていく。それに対して×反応は逆に増えていく。つまり3歳児ではサンタクロースがいると思っている子どもが多いが年齢が上がればサンタクロースがいると思う子どもが減ってくる，というデータである。これはサンタクロースへの反応が年齢と共に変わっていくと解釈できる。したがって年齢とサンタクロース反応は何らかの関係がある，すなわち独立でないということができる。

(2) 連　関

名義尺度の変数間の関係を調べるためには，比例尺度の変数間の関係を示す相関と同様の考え方として，連関(association)という考え方がある。このためにはクラメールの連関係数(Cramérʼs coefficient of association：クラメールのVともよばれる)とϕ係数(phi coefficient)の2つの指標があり，いずれもχ^2値から計算できる。

クラメールのVは$m \times n$の分割表について計算することができ，分割表の行数をr，列数をc，セル内の頻度の総数をNとすると，

$$V = \sqrt{\frac{\chi^2}{N \cdot \min(r-1,\ c-1)}} \tag{5-6}$$

で求めることができる。Vは0から1の値をとり，1に近づくほど変数間の連

---

[7]　中央のパネルでは3歳から5歳になると共に○の反応も×の反応も同様に減少している。また右のパネルでは年齢にかかわらず○と×の数は変わらない。これらはいずれも，統計的には2つの変数が独立でないというように表現する。

関が強いことを表している。

一方 ϕ 係数はピアソンの積率相関係数を 2×2 の分割表に適用したものであり，セル内の頻度の総数を N とすると，

$$\phi = \sqrt{\frac{\chi^2}{N}} \tag{5-7}$$

で求めることができる。ϕ 係数はピアソンの積率相関係数と同様に -1 から $+1$ までの値をとり，絶対値が 1 に近づくほど，変数間の連関が強いことを表している。

χ^2 値が大きくなるほどクラメールの V も ϕ 係数も大きくなる。したがって，表 5-7 の左端のパネルのような，2 つの変数が独立でない場合に連関が大きくなることがわかる。

(3) 2×2 の分割表の期待度数の求め方

実際に検定統計量 χ^2 を求めるためには各セルに対応する期待度数を求める必要がある。次の表 5-8 は表 5-6 の各セルの下段に期待度数を書き加えたものである。また，観測度数が書かれているセルにはそのセルを表す $[a]\sim[d]$ の記号が割り振られている。

表 5-8 性別と選好の観測度数と期待度数

性別(Y) \ 選好(X)	イヌ	ネコ	行方向周辺度数
女子	$[a]$ 25	$[b]$ 40	65
	32.5	32.5	
男子	$[c]$ 25	$[d]$ 10	35
	17.5	17.5	
列方向周辺度数	50	50	総度数：100

期待度数は偏りがないという点では 1 次元の分割表と同じ考え方である。しかし表 5-8 のように男女の数(行方向周辺度数)が等しくない場合，あるいはイヌとネコの選好の数(列方向周辺度数)が等しくない場合(この数値例ではたまたま等しいが)には，単に総度数をセルの数の合計数でわったものを期待度数とするわけにはいかない。したがって期待度数 E は次のように求める。

上の表の数値例でいうならばイヌ好きは全部で50名であり，これを男女均等に分けると男女とも25名ずつの度数に分けられる．しかし男女比はもともと女子：男子 = 65：35であるので，これを考慮に入れると，イヌ好きの50名を男女比にしたがって分ける．したがって女子イヌ好きの期待度数 $E_{女子 イヌ}$ は，

$$E_{女子 イヌ} = イヌ好き周辺度数 \cdot \left(\frac{女子周辺度数}{女子周辺度数 + 男子周辺度数}\right)$$
$$= 50 \cdot \left(\frac{65}{65+35}\right) = 32.5 \tag{5-8}$$

となる．また男子イヌ好きの期待度数 $E_{男子 イヌ}$ は，

$$E_{男子 イヌ} = イヌ好き周辺度数 \cdot \left(\frac{男子周辺度数}{女子周辺度数 + 男子周辺度数}\right)$$
$$= 50 \cdot \left(\frac{35}{65+35}\right) = 17.5 \tag{5-9}$$

となる．

同様に女子ネコ好きの期待度数と男子ネコ好きの期待度数を求めると，表に示されているとおり，それぞれ32.5と17.5となる[8]．

（4） 帰無仮説と検定統計量，自由度

独立性の検定の帰無仮説は，

$$H_0 : O_a : O_b = O_c : O_d \tag{5-10}$$

すなわち「一方の変数の相対頻度が他の変数の水準間で等しい」である．上の式での O は観測度数を，添え字は 2×2 の分割表のセルを表している．

検定統計量 χ^2 と自由度は，

$$\chi^2 = \sum_{全てのセルj} \frac{(O_j - E_j)^2}{E_j}, \quad df = (r-1) \cdot (c-1) \tag{5-11}$$

である．自由度の式の中の r は行の数を，c は列の数を表している．したがって 2×2 の分割表の場合，自由度は常に1となる．

---

[8] これらの数値は女性の周辺度数65をイヌ好きネコ好き比の50：50に，男性の周辺度数35をイヌ好きネコ好き比の50:50に分割しても同じ結果が得られる．

また実際の計算の際には各セルの期待度数をわざわざ求めなくても，各セルの観測度数のみを用いて χ^2 値を計算することができる。a～d の各セルの観測度数を a, b, c, d と表すと χ^2 値は，

$$\chi^2 = \frac{N \cdot (ad-bc)^2}{(a+b) \cdot (c+d) \cdot (a+c) \cdot (b+d)}, \quad ただし N = a+b+c+d \quad (5\text{-}12)$$

となる。

また，適合性の検定と同じようにセル内の観測度数が少ないなどの場合にはイェーツの連続性の修正を式(5-5)によって行うか，あるいはII巻6章で説明するフィッシャーの正確確率検定を使用する。

$$\chi^2 = \sum_{全てのセル j} \frac{(|O_j - E_j| - 0.5)^2}{E_j} \quad (5\text{-}13)$$

数値例のデータを式(5-11)に当てはめると，

$$\begin{aligned}\chi^2 &= \sum_{全てのセル j} \frac{(O_j - E_j)^2}{E_j} = \frac{(25-32.5)^2}{32.5} + \frac{(40-32.5)^2}{32.5} \\ &\quad + \frac{(25-17.5)^2}{17.5} + \frac{(10-17.5)^2}{17.5} = 9.89\end{aligned} \quad (5\text{-}14)$$

$$df = (r-1) \cdot (c-1) = (2-1) \cdot (2-1) = 1 \quad (5\text{-}15)$$

となる。$\chi^2_{.05;1} = 3.84$ であるので帰無仮説は棄却され，選好と性別には関係があるということができる。

レポートなどへは，その時の文脈によって「イヌとネコの選好に性差がある」というようなわかりやすい記述をする。たとえば，

> イヌとネコの選好に性差があるか否かについて χ^2 検定を行ったところ，女子はイヌよりもネコを，男子はネコよりもイヌを好むことが統計的に明らかになった（$\chi^2 = 9.89$, $df = 1$, $p < .05$）。

と記す。

5-4 対応のない2つの比率の等質性の検定

前節の独立性の検定では無作為抽出したデータについて2つの名義尺度の変数を測定し、そこから2つの変数の間の独立性を確かめた。

一方、対応のない比率の等質性の検定では相互に独立の母集団が2つ[9]登場する。ここでは一方の母集団から標本を抽出しそれをc個のカテゴリに分ける。すなわちc個の値を持つ名義尺度の変数を測定する。他方の母集団からも標本を抽出し同じ変数を測定する。こうするとそれぞれの標本がc個のカテゴリに分類された比率(たとえば、$p_1, p_2, \cdots p_c$)が計算できる。

比率の等質性の検定ではこれらの比率が2つの母集団間で等しいか否かを検定する。この場合の帰無仮説は「2つの集団間でこの比率が等しい」である。帰無仮説が採択されるとこれらの2つの集団は同じ母集団から抽出されたと判断される。

この検定は標本の抽出方法のみが異なるものの、それ以外は前節の変数の独立性の検定と全く同一である。

表5-6のデータを用いて説明しよう。独立性の検定では「小学生の母集団から100名を無作為抽出し、性別と選好2つの変数を測定」した。一方、比率の等質性の検定では「女子小学生の母集団から65名を、男子小学生の母集団から35名をそれぞれ無作為抽出し、それぞれの集団に対して1つの変数(選好)を測定」する[10]。

比率の等質性の検定ではイヌ好きの比率(あるいはネコ好きの比率)に性差があるか否かが判断される。

分割表、期待度数、χ^2値、自由度は独立性の検定の場合と全く同一である。したがって数値例の場合、男女間でイヌ好きの比率が(あるいはネコ好きの比率が)統計的に有意に異なると判断できる。

比率の等質性の検定と変数の独立性の検定はデータの抽出方法が異なるだけで、χ^2検定の手順は全く同一である。しかしいずれの場合もデータは母集団からの無作為抽出であることが前提となる。

---

9) この場合は$2 \times c$の分割表の形でデータをまとめることができる。cはカテゴリの数である。ここでは2×2の分割表、すなわち母集団が2つの場合を説明するが前節の独立性の検定と同様、一般に$n \times m$の2次元の分割表を扱うことも可能である。しかしその場合は結果の解釈が複雑になる。

10) イヌ好きの小学生の母集団とネコ好きの小学生の母集団のそれぞれから50名ずつを無作為抽出し、それぞれの集団で1つの変数(性別)を測定した、としても同じである。

5-5 残差分析

分割表の各セルの観測度数から期待度数をひいた値を**残差**(residual)とよぶ。この節では残差の分析について説明する。変数の独立性の検定や対応のない比率の等質性の検定の場合，残差分析を行うことによって，χ^2検定が有意である場合に，どのセルがそれに寄与しているかが明らかとなる。

あるセルの観測度数を O，期待度数を E とするとそのセルの残差 res は

$$res = O - E = 観測度数 - 期待度数 \tag{5-16}$$

である。

表 5-9 の分割表の例はある選挙の男女別の投票結果である(仮想例)。左のパネルは観測度数を，中央のパネルは期待度数を，右のパネルは残差を表している。残差の周辺度数は必ず 0 になる。

表 5-9 ある選挙の男女別の投票結果の度数と期待度数，残差

観測度数

	賛	否	白	
男	30	10	20	60
女	10	20	10	40
	40	30	30	100

期待度数

	賛	否	白	
男	24	18	18	60
女	16	12	12	40
	40	40	30	100

残差

	賛	否	白	
男	6	-8	2	0
女	-6	8	-2	0
	0	0	0	0

この分割表についての χ^2 値は 13.19 に，自由度は 2 である。$\chi^2_{2, 0.05} = 5.99$ であるから，有意水準 5% で意見には性差があることが明らかである。しかし残差を見ただけでは，どのセルによって性差が出ているのかは明らかにはならない。

そこで，残差から**標準化残差**(standardized residual)を計算し，標準化残差から周辺度数の偏りの影響を取り除いた**調整済(標準化)残差**(adjusted residual)を計算する。

標準化残差($stdres$)は残差(res)と期待度数(E)を用いると，

$$stdres = \frac{res}{\sqrt{E}} = \frac{残差}{\sqrt{期待度数}} \tag{5-17}$$

で計算できる。

また，調整済み残差(adjres)は標準化残差(stdres)，総度数(N)，行方向周辺度数(R)，列方向周辺度数(C)を用いて，

$$adjres = \frac{stdres}{\sqrt{\left(1-\frac{R}{N}\right)\cdot\left(1-\frac{C}{N}\right)}}$$

$$= \frac{標準化残差}{\sqrt{\left(1-\frac{行方向周辺度数}{総度数}\right)\cdot\left(1-\frac{列方向周辺度数}{総度数}\right)}} \quad (5\text{-}18)$$

で計算できる。式の分母は残差分散とよばれる値である。また調整済み残差はこの式に簡単な変形を施すと，

$$adjres = \frac{res}{\sqrt{E\cdot\left(1-\frac{R}{N}\right)\cdot\left(1-\frac{C}{N}\right)}}$$

$$= \frac{残差}{\sqrt{期待度数\cdot\left(1-\frac{行方向周辺度数}{総度数}\right)\cdot\left(1-\frac{列方向周辺度数}{総度数}\right)}}$$

$$(5\text{-}19)$$

としても計算できる。

表 5-10 の分割表は表 5-9 の左端の分割表について，標準化残差(左のパネル)，調整済み残差(右のパネル)を求めたものである。

表 5-10 標準化残差と調整済み残差

標準化残差

	賛	否	白
男	1.22	-1.89	0.47
女	-1.50	2.31	-0.58

調整済み残差

	賛	否	白
男	2.50	-3.56	0.89
女	-2.50	3.56	-0.89

調整済み残差は標準正規分布($N(0,1^2)$)に近似的に従うので，これを用いてどのセルが期待度数から有意に隔たっているかを検定することができる。両側検定，有意水準5%で検定するならば $z_{0.05} = 1.96$ であるので，賛と否に期待度数からの有意な差があることがわかる。

レポートなどへは，

投票結果に性差があるか否かについて χ^2 検定を行ったところ性差が有意であった ($\chi^2 = 13.19$, $df = 2$, $p < .05$)。そこで残差分析を行ったところ男女ともに賛成票と反対票に(期待値との間に)有意な差が見られた。

と記す。

5-6 対応のある2つの比率の等質性の検定

前項の例では2つの独立な母集団からのデータに対して比率の等質性の検定を行った。ここでは1つの母集団からのデータに対する比率の等質性の検定を扱う。

たとえば学生の母集団から33名の参加者を無作為抽出し,ある携帯電話会社の「学生の携帯電話通話料が無料になる」というキャンペーンの前と後でその携帯電話会社を使いたいか否かの意見(はい・いいえ)を尋ねたとしよう。データ(仮想例)は表5-11の分割表に示されている。

表5-11 キャンペーンの前後での質問に対する回答の変化

		キャンペーン後		行方向周辺度数
		はい	いいえ	
キャンペーン前	はい	[a] 6	[b] 8	14
	いいえ	[c] 10	[d] 9	19
	列方向周辺度数	16	17	総度数:33

ここで分析の対象となるのはキャンペーン前のはい・いいえの比率(「はい」の割合でも同じことである。この場合は $14/(14 + 19) \times 100 = 42.42\%$)とキャンペーン後のはい・いいえの割合(「はい」の比率,$16/(16 + 17) \times 100 = 48.48\%$)との差である。

このためには**マクニマーの検定**(McNemar's test)を用いる。帰無仮説は「母比率に差がない」である。検定統計量の χ^2 および自由度は次のように計算する。計算でセル b と c を用いるのはいずれもキャンペーンの前後で意見を変えた人数であり,これに基づいて比率の等質性の査定を行うためである。

$$\chi^2 = \frac{(b-c)^2}{(b+c)}, \qquad df = 1 \qquad (5\text{-}20)$$

分割表の $b+c$ の値が小さい場合には次のような連続性の修正を行う。この場合でも自由度は変わらず 1 である。

$$\chi^2 = \frac{(|b-c|-1)^2}{(b+c)}, \qquad df = 1 \qquad (5\text{-}21)$$

数値例について連続性の修正なしで検定統計量を求めると,

$$\chi^2 = \frac{(b-c)^2}{(b+c)} = \frac{(8-10)^2}{(8+10)} = \frac{(-2)^2}{18} = 0.22, \qquad df = 1 \qquad (5\text{-}22)$$

である。臨界値である $\chi^2_{0.05, 2}$ は 5.99 であるので,キャンペーン前後の回答の比率には有意な差がないと結論することができる。

マクニマーの検定では,検定統計量の χ^2 を求めることなく,二項検定による正確確率法で直接危険率を求めることができる。これは II 巻 6 章で説明する。

レポートへの記載では割合などの数値を挙げた後に,

> キャンペーンの前後で回答の比率に差があるか否かについてマクニマーの検定を行ったところ両者には有意な差がなかった ($\chi^2 = 0.22$, $df = 1$, $n.s.$)。

と記す。

5-7 対応のある 3 つ以上の比率の等質性の検定

対応のある 3 つ以上の比率については**コクランの Q 検定** (Cochran's Q test) を用いて分析する。k 種類のカテゴリ(たとえば課題や質問など)があり,すべてに 2 値(たとえば「合格／不合格」や「はい／いいえ」)の反応があるとする。コクランの Q 検定では反応の比率(たとえば合格率や「はい」の比率)に対してカテゴリの効果があるか否かの検定を行う。この検定は 2 つのカテゴリに対するマクニマーの検定を,3 つ以上のカテゴリに拡張したものである。データ

表 5-12 4種類のテストの合否の2種類のデータ

参加者	テスト A	B	C	D	行和
1	1	0	0	1	2
2	1	0	0	1	2
3	0	0	0	1	1
4	1	0	0	1	2
5	0	1	1	1	3
6	0	1	0	0	1
7	0	0	0	1	1
8	1	1	0	1	3
9	1	0	1	0	2
10	1	1	0	1	3
列和	6	4	2	8	
合格率	0.6	0.4	0.2	0.8	

参加者	テスト A	B	C	D	行和
1	1	1	1	1	4
2	1	1	1	1	4
3	1	1	0	1	3
4	1	1	0	1	3
5	1	0	0	1	2
6	1	0	0	1	2
7	0	0	0	1	1
8	0	0	0	1	1
9	0	0	0	0	0
10	0	0	0	0	0
列和	6	4	2	8	
合格率	0.6	0.4	0.2	0.8	

の構造は乱塊法の分散分析と同様である。しかし従属変数は乱塊法の分散分析が扱う比例尺度のデータではなく，ここでのデータは2つの値(0と1)を持つ名義尺度のデータである。データそのものを無理やり乱塊法の分散分析で処理することもできるが，データは正規分布に従わないので乱塊法の分散分析を用いてはいけない。コクランのQ検定での帰無仮説は，「各カテゴリの反応の比率にカテゴリの効果がない」，すなわち「各カテゴリの反応の母比率が等しい」である。

表 5-12 には 10 名の参加者が 4 種類のテストを受け，それぞれのテストへの合格と不合格が数値の1と0で示されている[11]。データは左右のパネルに1つずつ示されている。また行和(それぞれの参加者の合計)と列和(それぞれのテストの合計値)，各テストの合格率(列和を参加者数でわったもの)が示され

---

11) 表では合格は1, 不合格は0が割り当てられているが，データは名義尺度であるので合格を0, 不合格を1としても構わない。また数字であれば1や0でなくても構わない。検定統計量を求めるためにデータとして数値を用いるが，実際にはデータは数値以外の記号(たとえば「合格」／「不合格」)であってもかまわない。データが記号である場合にはそれぞれの記号に対し適当な数値をわりあててもかまわない。

ている。コクランの Q 検定ではこれらの合格率についてテストの効果があるか否かを明らかにする。表 5-12 の左右のパネルでは各テストの合格率は等しいが参加者の個体データが異なっている（したがって列和は左右で等しいが行和が異なる）。これはコクランの Q 検定の性質を示すために後で説明に用いる。

コクランの Q 検定の検定統計量には χ^2 分布にしたがう Q を用いる。次の式中では r は参加者数を，c はカテゴリ数を表している。また D_{ij} は i 番目の参加者の j 番目のカテゴリでの反応を表している。したがって，左のパネルで D_{53} は参加者 5 のテスト C での反応である 1 になる。

Q を求めるためにまず i 番目の参加者の行和（L_i）と j 番目のカテゴリの列和（G_j）を求める。

$$L_i = \sum_{i=1}^{n} D_{ij}, \qquad G_j = \sum_{j=1}^{c} D_{ij} \tag{5-23}$$

これらを用いて検定統計量と自由度は，列和の平均を $\overline{G}$ とすると，

$$Q = \frac{c \cdot (c-1) \cdot \sum_{j=1}^{c} (G_j - \overline{G})^2}{c \cdot \sum_{j=1}^{c} G_j - \sum_{i=1}^{n} L_i^2}, \qquad df = k-1 \tag{5-24}$$

で求めることができる。

表 5-12 の左のパネルの数値例で検定統計量 Q を求めてみよう。列和の平均値 $\overline{G}$ は 5 であるので Q は，

$$\begin{aligned} Q &= \frac{4 \cdot (4-1) \cdot \{(6-5)^2 + (4-5)^2 + (2-5)^2 + (8-5)^2\}}{4 \cdot (6+4+2+8) - (2^2 + 2^2 + \cdots + 2^2 + 3^2)} \\ &= \frac{240}{4 \cdot 20 - 46} = 7.06 \end{aligned} \tag{5-25}$$

であり，自由度は $k - 1 = 4 - 1 = 3$ である。危険率を 5% とすると $\chi^2_{0.05, 3} = 7.81$ であるから帰無仮説は棄却できず合格率に対するテストの効果はないと結論することができる。

レポートへの記載では合格率などの数値を挙げた後に，

合格率にテストの効果があるか否かについてコクランの Q 検定を行った

ところテストの有意な効果は見られなかった($\chi^2 = 7.06$, $df = 3$, $n.s.$)。と記す。

さて式(5-24)について考えてみよう。分子はカテゴリ間の変動(列和の変動すなわち$\sum(G_i - \bar{G})^2$)の大きさに比例して大きくなる。また分母に関しては、列和が一定であった場合、行和の変動すなわち参加者の変動が大きくなるほど分母の値が小さくなる。

このような観点から表5-12の左右のパネルを比較してみよう。まず右のパネルの数値例を用いて検定統計量Qを求めてみよう。この場合も列和の平均値$\bar{G}$は5である。

$$Q = \frac{4 \cdot (4-1) \cdot \{(6-5)^2 + (4-5)^2 + (2-5)^2 + (8-5)^2\}}{4 \cdot (6+4+2+8) - (4^2 + 4^2 + \cdots + 0^2 + 0^2)}$$
$$= \frac{240}{4 \cdot 20 - 60} = 12.00 \tag{5-26}$$

この式中の$\sum L^2$の値、すなわち参加者間の変動を表す値は60であるが、左のパネルの場合この値は46(式5-25参照)である。すなわち左のパネルに比べ、右のパネルの方が参加者間の変動(個人差)が大きいといえる。したがって検定統計量Qは左のパネルでは7.06であったのに対し、右のパネルでは12.00と大きな値になっている。臨界値が$\chi^2_{0.05, 3} = 7.81$であるから、左のパネルではカテゴリの効果が有意でなかったが、右のパネルでは有意である。

このようにコクランのQ検定ではカテゴリの比率の相違を検定するためのものではあるが、**参加者の個体差によって検定の結果が異なるという性質がある。**

5-8 コクランのQ検定の後の多重比較

コクランのQ検定でカテゴリの効果が有意であれば、ライアン法を用いて調整済み有意水準を求め、段階法によってカテゴリ間の比率の差をマクニマーの検定を用いて検定する。

ライアン法では比率の差を大きさの順に並べ替え、差が最も大きなところから検定を始めて、差が有意でないところで検定を終了する。ある差の絶対値の範囲に、いくつの比率が入っているかに基づいてステップ数とよばれる値を設定し、ステップ数ごとにマクニマーの検定を行う。このように逐次的に検定を

繰り返す方法は**段階法**(step-by-step method)とよばれる。

まず表 5-13 のようにカテゴリの比率の差の絶対値の表をつくる。この表には比率の小さなカテゴリから順に比率の大きなカテゴリへと並べられている。カテゴリ名の横の丸かっこ内はそのカテゴリの比率である。次に表の各行に対応した各カテゴリの比率との間の差の絶対値を計算する。この数値が表の各セルに記されている。それぞれのセルは 1 つの比較に対応し，セルの列の水準比率はその比較における最大比率，セルの行の比率はその比較における最小比率とよばれる。また，最大比率と最小比率の間にいくつのカテゴリの比率が含まれているかをステップ数と呼ぶ。ステップ数は各セルの角かっこの中に記されている。

たとえばカテゴリ B とカテゴリ C の比較を考えてみよう。B の列の 1 行目には C と B のカテゴリの比率の差の絶対値である 0.2 が記されている。B のカテゴリの比率 0.4(最大比率)と C のカテゴリの比率 0.2(最小比率)の間には，水準 B と水準 C の 2 つのカテゴリの比率が含まれている。したがってこのセルに対応するステップ数は 2 となる。

同様にカテゴリ D とカテゴリ B の比較を考えてみよう。カテゴリ D の最大比率 0.8 とカテゴリ B の最小比率 0.4 との間に含まれるカテゴリは D と B と A の 3 つである。したがってステップ数は 3 になる[12]。

ステップ数(r)の有意水準(α_r)は**調整済み有意水準**(adjusted significance level)あるいは**名義水準**(nominal level)とよばれ，主検定での有意水準を α，ステップ数を r，全水準数を m とすると，

$$\alpha_r = \frac{2\alpha}{m \cdot (r-1)} \tag{5-27}$$

である。

表 5-12 の右のパネルのデータを用いて多重比較を行ってみよう。まずステップ数を考えるため，水準間の比率の差の表(表 5-13)をつくる。セル内の数値は比率の差であり，角かっこの中はステップ数である。

まずステップ数(r)が 4 の水準 D と C の間の比率の差をマクニマーの検定で行う。このためにマクニマーの検定と同様の分割表(表 5-14)をつくる。この時，分割表の行と列は各水準であり，値は 0 と 1(不合格／合格)であることに

---

[12] 表 5-13 のように水準平均値を昇順にをまとめると，あるセルのステップ数は，自分の属するセルとその左側にある数値のはいったセルの数に 1 をたしたものになる。

表 5-13 水準間の比率の差の表

	C(0.2)	B(0.4)	A(0.6)	D(0.8)
C(0.2)		0.2[2]	0.4[3]	0.6[4]
B(0.4)			0.2[2]	0.4[3]
A(0.6)				0.2[2]

表 5-14 マクニマーの検定と同様の分割表 ($r = 4$)

		C	
		1	0
D	1	2	6
	0	0	2

注意する。

ステップ数4の調整済み有意水準は主検定の危険率(a)を0.05とすると式(5-27)より,

$$\alpha_4 = \frac{2 \cdot 0.05}{4 \cdot (4-1)} = 0.03 \tag{5-28}$$

であり,マクニマーの検定の検定統計量χ^2と自由度は,

$$\chi^2 = \frac{(2-6)^2}{(2+6)} = 2.00, \quad df = 1 \tag{5-29}$$

である。危険率0.03の臨界値$\chi^2_{0.03,1} = 4.70$であるから帰無仮説は棄却されず,テストCとDの間の合格率には有意な差がないと結論することができる。

ライアンの方法ではステップ数mの一対比較が全て有意でなければ次のステップ(ステップ数$m-1$)に進まない。したがって多重比較はここで終了する。

この例では主検定で有意な効果が得られたにもかかわらず,後の多重比較でどこにも有意差が見られていない。このようなことは他の検定の場合でも往々にして起こる。これは主検定と下位検定がひとつの一貫した論理に基づいていないからである。このような場合にはデータ数を増やして再度検定を行うこと

や，得られた結果をそのまま報告しそれをもとに解釈を行うなどする必要がある。

　数値例の右のパネルのデータについては，レポートへの記載で正解率などの数値を挙げた後に，

> 正解率にテストの効果があるか否かについてコクランのQ検定を行ったところテストの有意な効果がみられた（$\chi^2 = 12.00$, $df = 3$, $p < .05$）。各テスト間の正解率の比較を行うためライアン法を用いて危険率を制御しマクニマーの検定を行った。その結果，全てのテスト間の比率の差は，統計的に有意な差にいたらなかった。

と記す。またこの後に，参加者数の問題やデータの解釈について記すことが望ましい。

補　遺

1．加算記号（Σ: summation symbol）の計算と偏差の総和
2．標準得点の平均と標準偏差
3．確率変数と分布
4．統計的推定
5．実際の計算：Rを使って

補遺 1　加算記号（Σ）の計算と偏差の総和

加算記号（Σ）は統計を学ぶ上で非常によく出てくる記号である。ギリシャ文字の大文字であるΣは英文字のSに相当し，加算（summation）を表すために用いられる。

1-1　基本的な考え方

表1のようなデータがあるとしよう。

表1　4個のデータ

記　号	X_1	X_2	X_3	X_4
データ	6	2	0	9

これらをすべて足しあわせた値（総和）はΣを用いて

$$\text{総和} = \sum_{i=1}^{4} X_i = X_1 + X_2 + X_3 + X_4 = 6 + 2 + 0 + 9 = 17 \tag{1}$$

と表す。ここで X は変数名を表している。X の横についている小さな文字は添え字とよばれ，Σの下についている $i=1$ からΣの上についている4まで X_i（i 番目の X）を順に1つずつ足していく。この数値例のように添え字が1つの場合もあるが，複数の添え字がつく場合もある。また添え字は i である必要はないが，慣例的に i から始まることが多い[1]。

Σは足し合わせる数値が明らかな場合には，

$$\sum_{i=1}^{4} X_i = \sum_{i} X_i = \sum X \tag{2}$$

のように省略して記されることも多い。

---

[1]　これは反復（iteration）の頭文字であるといわれている。

1-2 複数の添え字のある場合

変数名についている添え字は1つだけとは限らず,必要に応じて複数のものがつくときもある。表2のデータは2つの科目について3人の児童のテストの得点(仮想データ)が示されている。

表2 2つの科目についての3人のテストの成績

添え字	j	
	X_{11}	X_{12}
i	X_{21}	X_{22}
	X_{31}	X_{32}

	国語	算数	児童平均
児童1	4	10	7
児童2	6	4	5
児童3	11	7	9
科目総和	7	7	$T = 42$

この例では添え字に i と j の2つが使われており,i が児童(1から3)を,j(1から2)が科目を表している。したがって,たとえば X_{31} のデータは3番目の児童の1番目の科目(すなわち国語)を示しており,その得点は11である。

Σ を用いてこのようなデータの総和(T)を表すには,

$$T = \sum_{i=1}^{3} \sum_{j=1}^{2} X_{ij} \tag{3}$$

あるいは,

$$T = \sum_{j=1}^{2} \sum_{i=1}^{3} X_{ij} \tag{4}$$

とあらわす。式(3)のように i が先に来るか,式(4)のように j が先に来るかはその時の状況に応じて異なる。しかし上の2つの式の場合はそれぞれ,

$$\begin{aligned} T &= \sum_{i=1}^{3} \sum_{j=1}^{2} X_{ij} = \sum_{i=1}^{3} (X_{i1} + X_{i2}) \\ &= (X_{11} + X_{12}) + (X_{21} + X_{22}) + (X_{31} + X_{32}) \\ &= 4 + 10 + 6 + 4 + 11 + 7 = 42 \end{aligned} \tag{5}$$

$$\begin{aligned} T &= \sum_{j=1}^{2} \sum_{i=1}^{3} X_{ij} = \sum_{j=1}^{2} (X_{1j} + X_{2j} + X_{3j}) \\ &= (X_{11} + X_{21} + X_{31}) + (X_{12} + X_{22} + X_{32}) \\ &= 4 + 6 + 11 + 10 + 4 + 7 = 42 \end{aligned} \tag{6}$$

と展開され,データを足し合わせる順序が異なるだけで結果は同一である。

1-3 データの縮約

統計的仮説検定の計算では表2のようなデータから，各科目の平均や各児童の平均を求めるような計算が必要になる。たとえば国語の合計得点を求めるには，児童3名分のデータをたし合わせればよいが，このようなデータの整理方法を「国語の得点について児童を縮約して整理する」というようにいう。いわゆる「児童」という要因を「無いものとして，すなわち無視」してデータをまとめるのである。

縮約ということばを使うと，児童の合計値や平均値などは「科目を縮約」して得られると，また，科目の平均値などは「児童を縮約」して得られるということができる。またデータの総和は「児童と科目の両方を縮約」して得られるといえる。Σを使ってこれを記してみよう。

児童別の平均値(科目を縮約)はそれぞれ表に記してあるとおり 7, 5, 9 となるが，これらを Σ と縮約の記号を使って表すと

$$\text{児童平均} = \frac{\sum_{i=1}^{\text{児童数}} X_{i\bullet}}{\text{児童数}} \tag{7}$$

と，縮約する要因を●で表すことにより，簡潔に表すことができる。このような縮約の記号の入った式は計算方法を表したい時に使う式である。したがってこの式自体が必ずしも単一の値を持つとは限らない。

同様に科目別の平均値(児童を縮約)は，

$$\text{科目平均} = \frac{\sum_{j=1}^{\text{科目数}} X_{\bullet j}}{\text{科目数}} \tag{8}$$

と表すことができる。

また，得点の総和(T)は，児童と科目の両方を縮約するのであるから，

$$T = \sum X_{\bullet\bullet} \tag{9}$$

と表すことができる。またこれを用いてそれぞれに得点の偏差(D_{ij})は，

$$D_{ij} = X_{ij} - \frac{T}{(\text{児童数})(\text{科目数})} = X_{ij} - \frac{\sum X_{\bullet\bullet}}{(\text{児童数})(\text{科目数})} \tag{10}$$

と表すことができる。

1-4 Σについての基本的な式

次にΣを含んだ式に関してのいくつかの規則を示そう。
式(11)のなかの c は定数である。Σを展開すると c はそれぞれの X にかかる。

$$\sum_{i=1}^{N} cX_i = cX_1 + cX_2 + \cdots + cX_N = c\sum_{i=1}^{N} X_i \tag{11}$$

式(12)のように、Σの式のなかに添え字が入った変数がなければ、足し算をする回数(N回)だけその変数(c)が足しあわされる。

$$\sum_{i=1}^{N} c = N \cdot c \tag{12}$$

式(13)のように添え字のついた変数(X と Y)の和(あるいは差)を足し合わせた総和は、それぞれの変数の総和の和(あるいは差)に等しい。

$$\sum_{i=1}^{N}(X_i \pm Y_i) = \sum_{i=1}^{N} X_i \pm \sum_{i=1}^{N} Y_i \tag{13}$$

これを応用すると次のような式が展開できる。

$$\sum_{i=1}^{N}(X_i \pm Y_i)^2 = \sum_{i=1}^{N}[(X_i \pm Y_i)\cdot(X_i \pm Y_i)] = \sum_{i=1}^{N}(X_i^2 \pm 2X_i^2 Y_i^2 + Y_i^2)$$
$$= \sum_{i=1}^{N} X_i^2 \pm 2\cdot \sum_{i=1}^{N} X_i^2 Y_i^2 + \sum_{i=1}^{N} Y_i^2 \tag{14}$$

これは2つの変数の和(あるいは差)の2乗についての式

$$(x \pm y)^2 = (x \pm y)(x \pm y) = x^2 \pm xy \pm yx + y^2 = x^2 \pm 2xy + y^2 \tag{15}$$

から導くことができる。

次の式は上の式の応用である。

$$\sum_{i=1}^{N}(X_i \pm c)^2 = \sum_{i=1}^{N}(X_i^2 \pm 2cX_i^2 + c^2) = \sum_{i=1}^{N} X_i^2 \pm 2\cdot c \cdot \sum_{i=1}^{N} X_i^2 + N\cdot c \tag{16}$$

Σにはこのほかにもいくつかの公式があるが、本書では上の式だけでほぼ十分であろう。

1-5 偏差の総和は常に0になる

偏差の総和は常に0になる。このことは式(19)のように表される。まず i 番目のデータの偏差(D)は、

$$d_i = X_i - \overline{X} \tag{17}$$

と，平均値は，

$$\overline{X} = \frac{\sum_{i=1}^{N} X_i}{N} \tag{18}$$

と表すことができる。偏差の総和は，

$$\begin{aligned}
\sum_{i=1}^{N}(X_i-\overline{X}) &= \sum_{i=1}^{N}(X_i-\frac{\sum_{i=1}^{N}X_i}{N}) = \sum_{i=1}^{N}X_i - \sum_{i=1}^{N}(\frac{\sum_{i=1}^{N}X_i}{N}) \\
&= \sum_{i=1}^{N}X_i - \sum_{i=1}^{N}(\frac{1}{N}\cdot\sum_{i=1}^{N}X_i) \\
&= \sum_{i=1}^{N}X_i - \sum_{i=1}^{N}\frac{1}{N}\cdot\sum_{i=1}^{N}X_i \\
\text{ここで} \quad &\sum_{i=1}^{N}\frac{1}{N} = N\cdot\frac{1}{N} = 1, \quad \text{したがって} \\
&= \sum_{i=1}^{N}X_i - 1\cdot\sum_{i=1}^{N}X_i = \sum_{i=1}^{N}X_i - \sum_{i=1}^{N}X_i = 0
\end{aligned} \tag{19}$$

のように常に 0 になる。

補遺2 標準得点の平均と標準偏差

　変数の標準化(z値への変換)を行うと，変換前の変数の平均値，標準偏差に関わらず，変換後の変数の平均値は常に0に，標準偏差と分散は常に1となる。このことの理由を説明する。

2-1　もとの変数に定数をたして新たな変数を作った場合の平均と標準偏差

　変数に定数(C)をたして新しい変数を作った場合，もとの変数の平均や標準偏差と新しい変数の平均や標準偏差がどのような関係になるかを考える。もとの変数を X とし，新しい変数を $Y(=X+C)$ とする。C は定数で値が負であれば X から C を引くことになる。

　データの個数を N とした場合 X の平均は，

$$\overline{X} = \frac{\sum\limits_{i=1}^{N} X_i}{N} \tag{1}$$

であり，$Y(=X+C：X$ に定数 C をたしたもの)の平均は

$$\overline{Y} = \frac{\sum\limits_{i=1}^{N} Y_i}{N} = \frac{\sum\limits_{i=1}^{N}(X_i+C)}{N} = \frac{\sum\limits_{i=1}^{N} X_i + \sum\limits_{i=1}^{N} C}{N} = \frac{\sum\limits_{i=1}^{N} X_i + N \cdot C}{N} = \frac{\sum\limits_{i=1}^{N} X_i}{N} + C = \overline{X} + C \tag{2}$$

となる。ここで，$\overline{X} = \sum\limits_{i=1}^{N} C$ は C を N 回たすことになるので

$$\sum_{i=1}^{N} C = N \cdot C \tag{3}$$

となることに注意すること。

　X の分散を $V(X)$ とすると，

$$V(X) = \frac{\sum\limits_{i=1}^{N}(X_i - \overline{X})^2}{N} \tag{4}$$

であり，$X+C$の分散は，

$$V(X+C) = \frac{\sum_{i=1}^{N}((X_i+C)-(\overline{X}+C))^2}{N} = \frac{\sum_{i=1}^{N}(X_i+C-\overline{X}-C)^2}{N}$$

$$= \frac{\sum_{i=1}^{N}(X_i-\overline{X})^2}{N} = V(X) \qquad (5)$$

となる。したがって，変数Xに定数Cをたしてできた新しい変数Yの平均はもとの平均にCがたされ$\overline{X}+C$になり（式2），分散はもとの分散と変わらないことが（式5）明らかとなった。

2-2 もとの変数に定数をかけて新たな変数を作った場合の平均と標準偏差

変数に定数(C)をかけて新しい変数を作った場合，もとの変数の平均や標準偏差と新しい変数の平均や標準偏差がどのような関係になるかを考える。もとの変数をXとし，新しい変数を$Y(=X\cdot C)$とする。

Yの平均はデータの個数をNとした場合，

$$\overline{Y} = \frac{\sum_{i=1}^{N}(C\cdot X_i)}{N} = \frac{\sum_{i=1}^{N}C\cdot\sum_{i=1}^{N}X_i}{N} = \frac{(N\cdot C)\cdot\sum_{i=1}^{N}X_i}{N} = C\cdot\frac{\sum_{i=1}^{N}X_i}{N} = C\cdot\overline{X} \qquad (6)$$

となり，変数Xの平均をC倍したものとなる。

Yの分散$V(Y)$は，

$$V(Y) = \frac{\sum_{i=1}^{N}(C\cdot X - C\cdot\overline{X})^2}{N} \qquad (7)$$

となる。この式の分子について展開する。

$$\sum_{i=1}^{N}(CX-C\overline{X})^2 = \sum_{i=1}^{N}(C^2X_i^2-2C^2X_i\overline{X}+C^2\overline{X}^2) = \sum_{i=1}^{N}C^2(X_i^2-2X_i\overline{X}+\overline{X}^2)$$

$$= \sum_{i=1}^{N}C^2(X_i-\overline{X})^2 = NC^2\cdot\sum_{i=1}^{N}(X_i-\overline{X}) \qquad (8)$$

となる。したがって，

$$V(Y) = \frac{NC^2\cdot\sum_{i=1}^{N}(X_i-\overline{X})^2}{N} = C^2\cdot\frac{\sum_{i=1}^{N}(X_i-\overline{X})^2}{N} = C^2\cdot V(X) \qquad (9)$$

となり，変数$Y(=X\cdot C)$の分散は変数Xの分散をC^2倍したものとなる。またYの

標準偏差は X の標準偏差を C 倍したものとなる。

以上をまとめると次の表のようになる。

表

もとの変数への操作	新しい変数の		
	平均	標準偏差	分散
$+C$	$+C$	不変	不変
$\times C$	$\times C$	$\times C$	$\times C^2$

2-3 z 値(標準得点)の平均が0で標準偏差と分散が1になる理由

ある変数 A があって、その平均値は m、標準偏差は s であるとしよう。A を標準化(z 値に変換する)して新たな変数 B をつくるとは、

$$B_i = \frac{A_i - A\text{の平均}}{A\text{の}SD} = (A_i - A\text{の平均}) \times \frac{1}{A\text{の}SD} \tag{10}$$

という操作を行うことである。

式(10)の操作には2つのステップがある。

最初のステップでは、個々の A から A の平均をひく。この段階で $(A - A\text{の平均})$ という新しい変数(仮にこれを L としよう)の平均は0になり、標準偏差は s のままである。なぜなら A から定数 $\overline{A}$ (A の平均であり、m である)をひいた変数 L の平均は、上の表より $m - m$ (もとの変数 A の平均 m から m をひいたもの)、すなわち0になる。また標準偏差は同様に上の表よりたし算・ひき算に対しては不変であるため s のままである。

次に2つ目のステップを考える。ここでは変数 L (平均0、標準偏差 s)を変数 A の SD、すなわち s でわった変数 B について考える。変数 B の平均は表より $0 \div s$ になり、結局0のままである。また、変数 B の標準偏差は変数 L の標準偏差、すなわち s を s でわることになり1となる。

このことから、元の変数の平均と標準偏差がどんな値であっても、その変数を標準化すると平均は常に0に、標準偏差(と分散)は常に1となる。

2-4 標準化しても分布の形は変わらない

標準化をしても分布の形が変わるわけではない。

標準化前の変数の分布と標準化後の変数の分布を同じ縦軸・横軸の上に描くと，縦軸の高さ（頻度に相当する）は2つの変数とも同じになり，横軸上の位置と広がり方が変わる。したがって，もとの変数の分布が正や負に歪んでいたり，複数のピークを持っていたりすると，標準化後にもこのような分布の形状は引き継がれる。したがって**標準化しても分布が正規分布になるわけではない**（図1-6参照）。

また，もとの分布が正規分布をなしている場合には，当然ながらその形状は標準化後も引き継がれる。正規分布には平均と分散に応じて無数のものが存在するが，これらを標準化すると平均が0，標準偏差と分散が1である標準正規分布，すなわち$N(0, 1^2)$となる。

補遺 3　確率変数と分布

　推測統計学では，仮説検定と推定を取り扱っている。確率変数とはそのいずれもの基礎になる重要な概念であり，本書で主に扱っている仮説検定を理解する上でも大切な概念である。
　この章では確率変数とその期待値(平均値)，分散，分布などについて，あまり細部に立ち入らないで基本的な部分の説明を行う。

3-1　確 率 変 数

　変数という概念は統計学のみならずさまざまな分野で登場する概念であり，さまざまな分類方法がある。統計学では測定尺度と関連して名義尺度，順序尺度，間隔尺度，比例尺度という分類や，独立(説明)変数，従属(目的)変数といった分類があるが，推測統計の基礎的な仕組みを理解する上では確率変数という概念が重要である。
　確率変数とはどのような測定尺度であるかに関わらず，**その値が確率的に定まる変数**のことである。以下では質的変数(離散変数あるいは名義尺度の変数)と量的変数(連続変数あるいは比例尺度の変数)を例に挙げて確率変数について説明する。

(1)　離散量の確率変数の例
　離散的な確率変数の例として「サイコロの出目」を考えよう。
　サイコロの出目は1から6までの整数値をとる。サイコロの出目は測定するまでその値が何であるかは確定しないが，でたらめに数値が出るわけではなく，偏りのないサイコロでは1から6までの値がそれぞれ6分の1の確率で出現する。すなわち出目の値が確率的に定まっていると言えよう。出目について縦軸に相対頻度(密度[2])，横軸に出目をあらわしたヒストグラムは図1のように描くことができる。

---

　[2]　縦軸の値は特に確率密度，あるいは密度とよばれている。確率はヒストグラムの幅と密度をかけた一種の面積として定義されている。サイコロの例ではたとえば「5の目が出る」という事象は横軸の5の点だけでなく，その左右の階級の半分(4.5から5.5)に対応するという風に考える。次の例の「ご飯の量」のような連続的な値をとる場合には，たとえば120 g 丁度の出現確率は，いささか直感に反しているが，横軸に幅がない(数直線上の120 gは点であって，位置だけがあり幅がない)ために0となる。確率が示せるのは横軸の範囲を指定したときのみである。

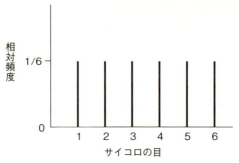
図1 サイコロの出目のヒストグラム

　このグラフの棒の面積を全てたし合わせると1から6の目のいずれかが出現する確率(すなわち全事象の確率)になり棒の底辺の長さを1とした場合には，面積が1となる。

(2) 連続量の確率変数の例
　一方「ある学生食堂のカツ丼のご飯の重量」という変数を考えると，その値は連続量をとる。これもでたらめに重量が決まるわけではなく，たとえば120gと決まっていたとしても，出てくるカツ丼それぞれに何らかのばらつきがあって値が微妙に異なる。おそらくは120gがピークになっていて，それから多い量も少ない量も出現の確率が小さくなるであろう。すなわちこの変数の場合も値が確率的に決まっていると言えよう。これをヒストグラムで表すと図2のようになる。
　このグラフの場合も全事象，すなわちグラフと横軸の間の面積は1となる。

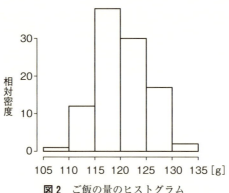
図2　ご飯の量のヒストグラム

（3） 確率分布

離散量の確率変数では，それぞれの値を横軸に，その値を縦軸にしたグラフを確率分布(probability distribution)とよぶ．図1は確率分布の例である．また，離散量の確率変数 X の関数としての出現確率の $P(X)$ のことを確率関数(probability function)とよぶ．サイコロの出目の場合の確率変数は，出目の値にかかわらずその出現確率は1/6であるので，確率関数は $P(X) = 1/6$ となる．

確率の公理により，

$$0 \leq P(X) \leq 1 \tag{1}$$

$$\sum_i P(X_i) = 1 \tag{2}$$

である．式(1)は X がどのような値をとろうと，その確率は0から1の間に収まるということを，式(2)はすべての値の出現確率を足し合わせると1になることを示している．

連続量の変数の場合は図2のように横軸が連続量をとる．この場合は確率関数のことを確率密度関数(probability density function)とよぶ．連続量の確率変数では，ある特定の値(たとえばご飯の量が120g)の出現確率は常に0になる[3]．したがって出現確率は3章の説明のように，ある値の幅に対して与えられる．

1章の標準正規分布の式(式1-11)は確率密度関数のひとつの例である．

また連続型の確率変数の場合も確率の公理から，

$$0 \leq P(X) \leq 1 \tag{3}$$

$$\int_{-\infty}^{+\infty} P(X) = 1 \tag{4}$$

が成り立つ．

3-2 確率変数の平均(期待値)と分散

（1） 確率変数の平均(期待値)

サイコロの出目の平均値を考えよう．本来サイコロの目は名義尺度のデータであるが，それぞれの目を測定値と考えると平均は「それぞれの目の数値にその出現確率をかけたものを1から6までたし合わせる」もの，すなわち

---

[3] ご飯の量が120gというような実数上でのある1点には「幅」がないため，高さがあっても面積(出現の相対頻度，あるいは確率)は常に0になる．

$$\text{目の数の平均} = \sum_{i=1}^{6} (\text{目}_i\text{の数}\cdot\text{目}_i\text{の出現確率})$$
$$= 1\cdot\frac{1}{6} + 2\cdot\frac{1}{6} + 3\cdot\frac{1}{6} + 4\cdot\frac{1}{6} + 5\cdot\frac{1}{6} + 6\cdot\frac{1}{6} = 3.5 \tag{5}$$

3.5 になる．

また，偶数が出た場合は 100 円，奇数が出た場合は 50 円というような一種のくじを考えると，賞金の平均は，

$$\text{賞金平均} = \sum_{i=1}^{6} (\text{目}_i\text{の賞金}\cdot\text{目}_i\text{出現確率})$$
$$= 50\cdot\frac{1}{6} + 100\cdot\frac{1}{6} + 50\cdot\frac{1}{6} + 100\cdot\frac{1}{6} + 50\cdot\frac{1}{6} + 100\cdot\frac{1}{6} = 75 \tag{6}$$

となり 75 円である．

これらの値は平均値ともよばれるが，この文脈では期待値（expectation）という用語が用いられる．これを通常 $E(X)$ というように記号で表される．上の例から明らかなように**期待値は変数の値とその出現確率の積をたし合わせたもの**ということができる．これは標本平均がすべてのデータの総和をデータ数で割ったものであることと対応する．

変数 X の期待値について数式で表すと離散型の変数では，

$$E(g(X)) = \sum_{i=1}^{c} g(X_i)\cdot P(X_i) \tag{7}$$

である．ここで $g(X)$ は，確率変数 X の値によって 1 つの値が定まる関数であり，上の例では「目の数」や「賞金」に相当する．また $P(X_i)$ は変数 X の値である X_i の出現確率であり，上の例では 1/6 である．また Σ の上にある c は変数 X の値の種類の数であり，サイコロの場合は 6 である．

確率変数 X が連続量をとる場合であっても期待値の求め方は基本的に同じである．離散型の変数の値の数は限られており，式(5)のように Σ 記号でそれらを 1 つずつたし合わせることができる．しかし連続型の確率変数たとえば，ご飯の重さなどでは，無限の数の値があるので Σ 記号で表すことができない．そこで Σ 記号の代わりに積分を表す記号 $\int$ を用いる．

連続型の変数の期待値は，

$$E(g(X)) = \int_{-\infty}^{+\infty} g(X)\cdot P(X)\,dx \tag{8}$$

と表すことができる．$\int$ の上下に記してある $+\infty$ と $-\infty$ は確率変数のとる値の範囲で

あり，たとえば正規分布などを考えるとその値は+∞から-∞をとることに対応している[4]。カツ丼のご飯の量の例では平均値は120gであるが，極端な値たとえば60gとか120gなどは，出現確率は限りなく0に近いが0ではない。+∞と-∞はこのことに対応していると考えるとよい。

3-3 確率変数の分散

標本の分散は，個々のデータの偏差の2乗をすべて足しデータ数で割ったものであった。確率変数の分散 V もこのことと全く同様に考えることができる。ただ標本分散がデータ数で割るのに対し，確率変数の分散はそれぞれの値の出現値にその出現確率をかけたものになる。
離散型の変数の分散は，

$$V(X) = \sum_{i=1}^{c} (X_i - \mu)^2 \cdot P(X_i) \tag{9}$$

と表すことができる。c は変数 X の値の種類の数であり，μ は確率変数 X の期待値（平均値）である。また連続型の変数の分散は，

$$V(X) = \int_{-\infty}^{+\infty} (X_i - \mu)^2 \cdot P(X) \, dX \tag{10}$$

と表すことができる。

3-4 期待値と分散についての公式

確率変数の期待値と分散については，その変数が離散型であるか連続型であるかに関わらず次の公式が成り立つことが知られている。式の中の c は定数を，X と Y は確率変数を表している。
期待値については，

$$E(c) = c \tag{11}$$
$$E(X+c) = E(X) + c \tag{12}$$
$$E(cX) = c \cdot E(X) \tag{13}$$

---

[4] 積分に関して本書ではこれ以上のトピックは触れない。積分について学んでいない読者は，離散的な数値の足し算の記号 Σ を連続量の足し算に拡張したものが $\int$ だと考えるとよい。式の最後の dX は X に関して積分するということを表している。

$$E(X \pm Y) = E(X) \pm E(Y) \quad : \text{ただし} X \text{と} Y \text{が独立の場合} \tag{14}$$

である。また分散については,

$$V(c) = 0 \tag{15}$$
$$V(X+c) = V(X) \tag{16}$$
$$V(cX) = c^2 \cdot V(X) \tag{17}$$
$$V(X \pm Y) = V(X) + V(Y) \quad : \text{ただし} X \text{と} Y \text{が独立の場合} \tag{18}$$

である。ここではこれらの式の証明は割愛するが,補遺2には標本平均と標本分散についての説明が記されている。

またこれらの式を使うと,確率変数の分散 $V(X)$ は,

$$\begin{aligned}V(X) &= E(X-\mu)^2 = E(X^2 - 2\mu X + \mu^2) \\ &= E(X^2) - 2\mu E(X) + \mu^2 \quad : \text{ここで} E(X)=\mu \text{なので} \\ &= E(X^2) - 2\mu^2 + \mu^2 = E(X^2) - \mu^2 \quad : \text{ここで} \mu=E(X) \text{なので} \\ &= E(X^2) - \{E(X)\}^2\end{aligned} \tag{19}$$

と書き直すことができる。これは標本分散と標本平均についても同様に成り立つ。すなわち**標本分散は標本の2乗の平均値から標本平均値の2乗を引いたものである**ということができる。

3-5 標本分布の平均値と標準誤差

第2章では母平均・母分散と標本分布の平均値・標準誤差との関係について

$$\mu_{\bar{X}} = \mu_X \tag{20}$$

$$\sigma_{\bar{X}} = \frac{\sigma_X}{\sqrt{N}} \tag{21}$$

が成り立つことを説明した。

ここでは前節で記した期待値と分散の概念を用いて上の式が成り立つ理由を説明する。

3-6 母平均と標本分布の平均値の関係

標本分布の平均値 $\mu_{\bar{X}}$ は標本にある N 個のデータの期待値と考えることができる。

そのことから，

$$\mu_{\overline{X}} = E(\overline{X}) = E(\frac{X_1 + X_2 + \cdots X_N}{N})$$
$$= \frac{1}{N} \cdot (E(X_1) + E(X_2) + \cdots + E(X_N)) : ここで E(X_\bullet) は全て \mu_X なので \quad (22)$$
$$= \frac{1}{N} \cdot \sum_{i=1}^{N} \mu_X = \frac{1}{N} \cdot N\mu_X = \mu_X$$

となり，母平均と標本分布の平均は一致することが明らかである．

3-7 母分散と標本分布の標準誤差の関係

標本分布の標準誤差 $\sigma_{\overline{X}}$ も同様に標本にある N 個のデータの分散であると考えることができる．分散の定義より標準誤差の2乗(すなわち標本分布の分散)は，

$$\sigma_X{}^2 = V(\overline{X}) = E\{(\overline{X} - \mu_{\overline{X}})^2\}$$
$$: ここで \overline{X} = \frac{X_1 + X_2 \cdots + X_N}{N} なので (\ ) の中を変形して$$
$$= E[\{\frac{(X_1 + X_2 \cdots + X_N) - N \cdot \mu_{\overline{X}}}{N}\}^2]$$
$$= E[\{\frac{(X_1 - \mu_{\overline{X}}) + (X_2 - \mu_{\overline{X}}) + \cdots + (X_1 - \mu_{\overline{X}})}{N}\}^2] \quad (23)$$
$$: N は定数なので E[\ ] の外に出して$$
$$= \frac{1}{N^2} E[\{(X_1 - \mu_{\overline{X}}) + (X_2 - \mu_{\overline{X}}) + \cdots + (X_1 - \mu_{\overline{X}})\}^2]$$

と書くことができる．ここで {} の中の式は一般に

$$(a_1 + a_2 + \cdots + a_N)^2 = \sum_{i=1}^{N} a_i^2 + \sum_{i=1}^{N} \sum_{i \neq j} a_i a_j \quad (24)$$

と展開できる(右辺第2項の2つ目の Σ は「a の添え字の同じでないものについての加算」という意味である)から，式(23)の最後の行は次のように変形することができる．

$$\sigma_X{}^2 = \cdots = \frac{1}{N^2} E[\{(X_1 - \mu_{\overline{X}}) + (X_2 - \mu_{\overline{X}}) + \cdots + (X_1 - \mu_{\overline{X}})\}^2]$$
$$= \frac{1}{N^2} E[\sum_{i=1}^{N} (X_i - \mu_{\overline{X}})^2 + \sum_{i=1}^{N} \sum_{i \neq j} (X_i - \mu_{\overline{X}})(X_j - \mu_{\overline{X}})] \quad (25)$$
$$= \frac{1}{N^2} \sum_{i=1}^{N} E[(X_i - \mu_{\overline{X}})^2] + \frac{1}{N^2} \sum_{i=1}^{N} \sum_{i \neq j} E[(X_i - \mu_{\overline{X}})(X_j - \mu_{\overline{X}})]$$

ここで最後の式の第1項の$E[(X_i-\mu_{\bar{X}})^2]$は母分散σ_Xである。また第2項の2つのΣの後はX_iとX_jの共分散を表しており、Xは母集団からの無作為抽出であるので共分散は0となる。したがって、式(25)は、

$$\begin{aligned}\sigma_{\bar{X}}^2 = \cdots &= \frac{1}{N^2}\sum_{i=1}^{N}E[(X_i-\mu_{\bar{X}})^2] + \frac{1}{N^2}\sum_{i=1}^{N}\sum_{i\neq j}E[(X_i-\mu_{\bar{X}})(X_j-\mu_{\bar{X}})] \\ &= \frac{1}{N^2}\cdot\sum_{i=1}^{N}\sigma_X^2 + \frac{1}{N^2}\cdot 0 \\ &= \frac{1}{N^2}\cdot N\sigma_X^2 \\ &= \frac{\sigma_X^2}{N}\end{aligned} \quad (26)$$

となる。

　これより母分散、母標準偏差と標本分布の分散、標準誤差との関係は式(26)で示したように、

$$\sigma_{\bar{X}}^2 = \frac{\sigma_X^2}{N} \quad (27)$$

したがって標準誤差は

$$\sigma_{\bar{X}} = = \sqrt{\frac{\sigma_X^2}{N}} = \frac{\sigma_X}{\sqrt{N}} \quad (28)$$

となる。

補遺 4　統計的推定

　推測統計学では，本書で主に扱っている統計的仮説検定の他に統計的推定（statistical estimation）というトピックがある。仮説検定と推定はいずれも標本の情報から母集団について推測することを目的としている。

　仮説検定がデータに対して与えられた効果の一般性を検討するために使われるのに対し，推定はデータから母集団の特性を推測するために使われる。

4-1　推定とはなにか

　母数は未知であるが，標本のデータを用いてある程度予測すること，すなわち推定することができる。この場合，その数値がその数値はたとえば「160である」という**点推定**（point estimation）と，「ある範囲の中に何％の確率で含まれる」という**区間推定**（interval estimation）がある。また，良い推定値についてもいくつかの基準がある[5]。たとえば θ を真の値とした場合，θ とその推定値である $\hat{\theta}$（シータ・ハット）の関係が

$$\theta = E(\hat{\theta}) \tag{1}$$

となる，すなわち推定値の期待値が真の値と一致するという基準がある。このような推定値は，真の値より大きすぎることもなくまた，小さすぎることもないという点から**不偏推定値**（unbiased estimator）とよばれる。

　標本から計算される分散（V）は本書のように，

$$V = \frac{\sum_{i=1}^{N}(X_i - \overline{X})^2}{N} \tag{2}$$

というように分母に N を用いる場合と，いくつかのテキストのように，

---

　[5]　不偏性（unbiasedness），一致性（consistency），有効性（efficiency）など。ここでは不偏性をとりあげる。

$$V = \frac{\sum_{i=1}^{N}(X_i - \overline{X})^2}{N-1} \tag{3}$$

というように分母に $N-1$ を用いる場合がある。この値は正確には**母分散の不偏推定値**とよばれている。

これらはいずれもデータのばらつきを表す量として正しいのであるが，意味するところは少々異なる。

この補遺の目的のひとつはこの違いを説明することであるが，そのことの理解の前提として，推定についてのごく基礎的な点を最初に説明する。

標本の大きさを大きくしていく（すなわち $N \to \infty$）と標本平均

$$\overline{X} = \frac{\sum_{i=1}^{N} X_i}{N} \tag{4}$$

の期待値 $E(\overline{X})$ は母平均 μ_X に近づいていく。このことから統計量 $\overline{X}$ は母平均 μ_X に近づいていく。このことから統計量 $\overline{X}$ は母平均 μ_X 不偏推定値であるということができる。

4-2 母分散の点推定

母平均の場合と異なり，標本分散は母分散の不偏推定値とはならない。まず標本分散 (S^2) が母分散の不偏推定値であるかどうかを確かめるため，標本分散の期待値について考えてみよう。標本分散の期待値 $(E(S^2))$ は[6]，

$$\begin{aligned} E(S^2) &= E\left\{\frac{1}{N}\sum_{i=1}^{N}(X_i - \overline{X})^2\right\} = E\left(\frac{1}{N}\sum_{i=1}^{N}X_i^2 - \overline{X}^2\right) \\ &= \frac{1}{N}\sum_{i=1}^{N} E(X_i^2) - E(\overline{X}^2) \end{aligned} \tag{5}$$

と変形することができる。

上の式の最後の行の第1項は下の公式，

$$\begin{aligned} V(X) &= E(X^2) - \{E(\overline{X})\}^2 \quad \text{したがって} \\ E(X^2) &= V(X) + \{E(\overline{X})\}^2 \end{aligned} \tag{6}$$

より，

---

[6] 式の1行目の右辺への書換えは補遺3に記した分散の式によっている。

$$\frac{1}{N}E(X_i^2) = \frac{1}{N}\cdot[V(X_i)+\{E(\overline{X})\}^2]$$
$$= \frac{1}{N}[\sigma^2+\mu^2] \tag{7}$$

となる。また第2項は上の公式と次の公式,

$$V(\overline{X}) = \frac{\sigma^2}{N} \tag{8}$$

より

$$E(\overline{X}^2) = V(\overline{X})+\{E(\overline{X})\}^2 = \frac{\sigma^2}{N}+\mu^2 \tag{9}$$

となる。これらから式(5)は

$$\begin{aligned}E(S^2) &= \frac{1}{N}\sum_{i=1}^{N}E(X_i^2)-E(\overline{X}^2) \\ &= \frac{1}{N}\cdot N\cdot(\sigma^2+\mu^2)-\left(\frac{\sigma^2}{N}+\mu^2\right) \\ &= \sigma^2+\mu^2-\frac{\sigma^2}{N}-\mu^2 = \sigma^2-\frac{\sigma^2}{N}\end{aligned} \tag{10}$$

と変形することができる。次に,この最後の行の一番右の辺を次のように変形する。

$$\begin{aligned}E(S^2) &= \sigma^2-\frac{\sigma^2}{N} \\ &= \frac{N\sigma^2}{N}-\frac{\sigma^2}{N} = \frac{1}{N}(N\sigma^2-\sigma^2) = \frac{1}{N}(N-1)\sigma^2 \\ &= \frac{N-1}{N}\sigma^2\end{aligned} \tag{11}$$

これは,標本分散の期待値が母分散より$\frac{N-1}{N}$だけ異なる(小さくなる)ことを表している。

これでは,標本分散の期待値は母分散の不偏推定値とはならない。そこで母分散の不偏推定値(仮にここでS^2_{unbiased}とする)はこの分を補正する。すなわち次のように標本分散を$\frac{N-1}{N}$で割る。そうするとS^2_{unbiased}は,

$$S^2{}_{\text{unbiased}} = \frac{S^2}{\frac{N-1}{N}} = \frac{N}{N-1} \cdot S^2 = \frac{N}{N-1} \cdot \frac{\sum_{i=1}^{N}(X_i-\overline{X})^2}{N}$$

$$= \frac{\sum_{i=1}^{N}(X_i-\overline{X})^2}{N-1} \tag{12}$$

となる．すなわち標本分散が，

$$S^2 = \frac{\sum_{i=1}^{N}(X_i-\overline{X})^2}{N} \tag{13}$$

であるのに対し，標本から計算される母分散の不偏推定値は

$$S^2_{\text{unbiased}} = \frac{\sum_{i=1}^{N}(X_i-\overline{X})^2}{N-1} \tag{14}$$

となり標本分散より少しだけ大きな値になる．もっとも2つの数値は式からわかるようにNが大きくなるほどその相違は小さくなる．

　入門的な統計学の教科書には分散の不偏推定値を標本データのばらつきの指標，いわゆる分散(あるいはその平方根を標準偏差)として紹介しているものがあるが，分母に$N-1$をもってくることは上のような事情による．また統計のパッケージ・ソフトウェアには不偏推定値を標本のばらつきとして表示するものもあるので注意が必要であろう[7]．また表計算ソフトウェアや統計のパッケージ・ソフトウェアの利用によって最近はあまり使われないが，統計量の計算のできる電卓では標本の標準偏差を求めるボタン(多くはσ_nと記されている)と，母標準偏差の不偏推定値を求めるボタン(多くはσ_{n-1}と記されている)の2つが用意されている．

4-3　母平均の区間推定

　前節の点推定では母平均の値そのものを，まさにピンポイントで推定した．しかし2章で示したように母集団から標本を抽出し標本分布をつくると，標本平均の平均値は母平均に一致はするものの，母平均と同一にはならずばらついてしまう．標本分布はまさにこのばらつきを表しているのである．また標本分布のばらつきのことを標準

---

[7]　Excelでは標本の分散はVARP(範囲)で，標準偏差はSTDEVP(範囲)で求めることができる．また分散の不偏推定値とそれに基づく標準偏差はそれぞれVAR(範囲)，STDEV(範囲)で求めることができる．

誤差というのはまさに「標本分布で母平均を推定するときの誤差」という意味を含んでいる。

このようなことから，ある範囲内に母平均がある確率を求めることも必要になってくる。この範囲のことを**信頼区間**(confidence interval)とよび，そのような推定を**区間推定**とよぶ。この節では母平均の信頼区間の求め方について説明する。

信頼区間は確率に対応して求められるもので，たとえば「その区間内に真の値(たとえば母平均)が存在する確率が95％」である区間を「母平均についての95％の信頼区間」とよぶ。

2章で説明したように平均値についての標本分布は，母平均を推定する際の誤差の分布と考えることができる。そこでこの分布を使って信頼区間が決定される。**n％の信頼区間は母平均の点推定値(すなわち標本分布の平均値μ_X)を中心にして値の幅の出現確率がn％になるように決められる。**

このことからn％の信頼区間は

　　信頼区間＝点推定値±n％の信頼区間

　　　　　　＝点推定値±その分布のばらつき・n％の臨界値

となる。

（1） 母平均が既知である場合

母集団$N(0, 1^2)$から大きさNの標本(X)を∞回抽出すると，2章で説明したとおり，標本の平均値$(\overline{X})$は$N\left(\mu, \dfrac{\sigma_X}{\sqrt{N}}\right)$，いわゆる標本分布に従う。個の標本分布を標準化して新たに変数Zをつくると，Zは次のように書くことができる。

$$Z = \dfrac{\overline{X} - \mu}{\dfrac{\sigma_X}{\sqrt{N}}} \tag{15}$$

ここで標準正規分布の上側確率pに対応するZを$Z(p)$とすると，図1からわかるように，Zの出現確率が$1-p$に対応する区間は図1に灰色で示した部分になる。これが信頼区間である。この際注意すべきことは，母平均についての信頼区間は分布の両側にとるので，裾野の部分は分布の下側と上側があわせてpとなるように，上側と下側両方に$p/2$の領域を考えることである。この点はいわゆるzの両側検定の際の臨界値($z_{0.05}$)と対応することになる。

ここでzの出現確率が$1-a$である区間，いわゆる母平均の$1-a$信頼区間は，

$$-Z_{p/2} < \dfrac{\overline{X} - \mu}{\dfrac{\sigma_X}{\sqrt{N}}} < Z_{p/2} \tag{16}$$

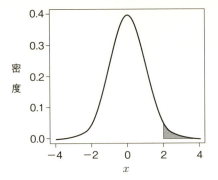

図1 標準正規分布の上側確率

となる。この式を変形して不等号に挟まれたところに μ だけが残るようにすると,

$$\overline{X} - Z_{p/2} \cdot \frac{\sigma_X}{\sqrt{N}} < \mu < \overline{X} + Z_{p/2} \cdot \frac{\sigma_X}{\sqrt{N}} \tag{17}$$

となる。これが母平均(μ)の区間推定である。またこの時の確率 $1-p$ を**信頼水準**または**信頼係数**とよぶ。

(2) 母平均が未知である場合

式(17)は母数が既知の場合であり,標本分布には標準正規分布を仮定した。通常は母数が未知であるので標本分布に t 分布を用いる。そうすると,t の臨界値を $t_{\alpha/2,\,df}$ (両側検定の際の t の臨界値。式(15)の標準正規分布を標本分布とした場合の $Z_{p/2}$ に相当)とした場合,母平均 μ の区間推定は,

$$\overline{X} - t_{\alpha,df} \cdot \frac{S_{\text{unbiased}}}{\sqrt{N}} < \mu < \overline{X} + t_{\alpha,df} \cdot \frac{S_{\text{unbiased}}}{\sqrt{N}} \tag{18}$$

と表すことができる。式中の S は標本から求めた母集団の標準偏差の不偏推定値[8]であり,$\dfrac{S_{\text{unbiased}}}{\sqrt{N}}$ は**標本標準誤差**(あるいは単に**標準誤差**[9])とよばれる。

式(18)を用いて,次のデータから母平均の信頼水準が 95 % および 70 % の信頼区間

---

[8] 標準偏差の分母が $N-1$ のもの,すなわち $S_{\text{unbiased}} = \sqrt{\dfrac{\sum_{i=1}^{N}(X_i - \overline{X})^2}{N-1}}$ である。

[9] この値は平均値を表すグラフで,エラーバーとしてしばしば用いられる。

を求めてみよう。

X :　24　28　19　35　22　32　29

X の標本平均は 27.00, 不偏標準偏差は 5.66 である。t の自由度はデータの数から 1 をひいたものであり 6 である。信頼水準が 95％の場合 $t_{0.025,6} = 2.45$ であり, 70％の場合は $t_{0.15,6} = 1.13$ である。したがって母平均の 95％の信頼区間は,

$$t_{\alpha,df} \cdot \frac{S_{\text{unbiased}}}{\sqrt{N}} = t_{0.025,6} \cdot \frac{5.66}{\sqrt{7}} = 2.45 \cdot 2.14 = 4.59 \quad \text{したがって}$$
$$27 - 4.59 < \overline{X} < 27 + 4.69 \quad \Rightarrow \quad 22.41 < \overline{X} < 31.69$$
(19)

であり, 70％の信頼区間は,

$$t_{\alpha,df} \cdot \frac{S_{\text{unbiased}}}{\sqrt{N}} = t_{0.15,6} \cdot \frac{5.66}{\sqrt{7}} = 1.13 \cdot 2.14 = 2.42 \quad \text{したがって}$$
$$27 - 2.42 < \overline{X} < 27 + 2.42 \quad \Rightarrow \quad 24.58 < \overline{X} < 29.42$$
(20)

である。

この数値例では同じデータに基づいて信頼区間を計算している。当然ながら信頼水準が高いほど信頼区間は広くなることがわかる。

補遺5 実際の計算：Rを使って

　データの整理や要約，図示，検定統計量の計算など，実際のデータ分析を行う際には多くの計算が必要となる。これらは表計算ソフトウェア(Microsoft Excel や無償で使える OpenOffice)でもある程度は可能である。しかし本書で扱った初等的な内容ですら，これらのソフトウェアでは不十分である。一方，統計専用のソフトウェアとしては SPSS, SAS, JMP などがある。これらは十分な機能と精度を持っているうえ，参考書なども数多く出版されている。しかしこれらの商用ソフトウェアは個人で購入するにはあまりにも高価であり，学校などでまとまって契約している場合を除き，個人が自由に利用できる状況とは言い難い。

　ここで概略を紹介するのは「R」という完全に無償の統計用ソフトウェアである。統計専用のソフトウェアは，一般にメニューから項目を選択し分析を行う形式のものが多い。R にもこのような仕組みがあるが，基本的にはコマンドを打ち込んで分析結果やグラフを得るという使い方が主になる。メニューから項目を選んで分析を進めていく方法は効率が良い。このことはソフトウェアを使う敷居が低いという利点がある反面，分析の内容についてほとんど知識がなくても，一応の結果が得られてしまうという欠点がある。一方 R のようにコマンドを打ち込む形式では，最初の敷居は少々高いものの，自分が何をやっているのかがはっきりわかる，あるいは何をやりたいのかがはっきりわかっていないと使えない，という利点がある。

　心理科学やその他の実証科学にとって統計学やソフトウェアは道具である。道具を縦横無尽に使うことは，心理科学などの本来の興味の対象である領域の学習や研究にとって大きな助けになる。道具を使うために多少の労力を割いてもその見返りは十分に期待できるであろう。

　幸いわが国でも R に関する参考文献やインターネット上の情報はこの数年で増加の一途をたどっている[1]。また R そのものも日本語の扱いも含めバージョンアップが頻繁に重ねられている。

　ここでは「R」について，主に本書で扱った数値例を用いて使用法の概略を紹介する。なお，「1. R とは何か」「2. R のインストール，起動と終了」「3. R を使うための最小限の知識」「8. χ^2 検定とフィッシャーの正確確率検定」は『心理統計 I』と共通である。

---

1) R に関する参考文献は，p.146 にまとめて示す。

1. Rとは何か

　Rとは「無償の統計パッケージソフトウェア」であるが，正式には「統計計算とグラフィックスのための言語とその実行環境」と紹介されており Windows, Mac OS, Ubuntu などの Linux 系 OS などで動作する無料のソフトウェアである。Rにはさまざまな分野での統計解析に特化したプログラムやデータが用意されており，柔軟で高速なプログラミング言語と，きめ細かな描画ができる機能が用意されている。Rは CRAN (The Comprehensive R Archive Network) とよばれるサイト[2]から無料でダウンロードができ，個人の PC にインストールをして使用することができる。Rの分析結果は単純なテキスト形式で表示されるので，ワードプロセッサのソフトウェアなどにコピーすることができる。またグラフィックスは OS に応じてさまざまな形式で保存することができるので，そのまま，あるいは適切なソフトウェアを用いて加工し利用することができる。

　Rは基本的にはコマンドを入力しその結果を表示させるという形式で用いるが，SPSS などの有償の統計パッケージソフトウェアに似たメニュー形式で用いることもできる[3]。

2. Rのインストール，起動と終了

　Rの実行形式のファイルは CRAN からダウンロードできる。CRAN のトップページの左側に示される「R Binaries」をクリックすると OS の一覧が表示されるのでインストールする PC の OS をクリックする[4]。そうすると実行形式のファイル[5]へのリンクが表示されるのでそのファイルをダウンロードし，PC の適当な場所に保存する。このファイルを実行[6]すると R のシステムがインストールされる。

　Rを実行する[7]と最初に図1のようなウインドウ（Windows の例）が表示される。

　2）　CRAN の URL は http://cran.r-project.org/。CRAN は多くのミラーサイト（同一の内容のサイト）を各国に持っている。日本では 2015 年 3 月 27 日現在，統計数理研究所 (http://cran.ism.ac.jp/)，筑波大学 (http://cran.md.tsukuba.ac.jp/) と山形大学 (http://ftp.yz.yamagata-u.ac.jp/pub/cran/) にミラーサイトがある。CRAN にはさまざまな分野での有用なプログラムを集めた「パッケージ」が公開されており，これらも自由に利用することができる。

　3）　R システムの中で使える Rcmdr (R commander) や，Excel と連携して使える RExcel などがある。いずれも無償で提供されている。

　4）　Windows を選択した場合には「Subdirectories」という選択肢が表示されるので「base」をクリックする。

　5）　たとえば Windows では「R-3.1.0-win.exe」，Mac OS では「R-3.1.0.pkg」というファイルである。ファイル名の中の数字は R のバージョン番号を表している。

R Console と書かれているコンソールウインドウが R のコマンドを打ち込み，結果を表示するウインドウである．記号「>」はプロンプトとよばれ，R が入力を待っていることを表している．((1 + 365) * 365) /2 はユーザが打ち込んだコマンド(ここでは数式)であり，その下には計算結果である 66795 が示されている．

R を終了するにはプロンプトの後に「quit("no")」と入力するか，[ファイル]メニューから[終了]を選択する．quit は R の関数のひとつであり，R を終了させる働きを持っている(quit のかわりに q でもよい)．"no" の部分は引数であり，この場合は作業領域(これまでの計算結果などが含まれている)を保存しないことを表している．"no" を省略すると，R 終了時に作業領域を保存するか否かを指定することができる．また R は関数名や変数名について，大文字と小文字を区別するため，quit ( ) を Quit( ) などと書くとエラーが起こる．

図1 R の起動画面

---

6) インストールの途中に言語を選択するように促される．ここで Japanese を選択するとメニューなどが日本語表示になる．

7) たとえば Windows の場合はデスクトップ上にあるアイコンをダブルクリックするなど．

3. Rを使うための最小限の知識

ここでは，本章の範囲でのRの基本的な事項について説明をする．

(1) コンソールウインドウとRエディタ

Rを使うためには，コンソールウインドウとRエディタというウインドウの操作に慣れることが早道である．Rエディタは［ファイル］メニューから［新しいスクリプト］を選択すると現れる．コンソールウインドウではRのコマンドがすぐに実行 (Rでは「評価」という)されるが最初のうちは往々にしてエラーが起こる．そこでRエディタでコマンドを書き，それを選択して実行する(慣れればキーボードショートカット[8])を使って素早くできる)と便利である．

(2) 変数と代入(付値)

変数名には半角アルファベットと一部の記号および全角文字を使うことができる．ただし半角数字から始めることはできない．変数名を区切りたいときには半角のドット「.」を用いて my.name などとするのが一般的である．また「#」はそれ以降の行末までがコメントとして扱われる．

変数に値を代入(これをRでは付値とよぶ)するには「<-」を用いる．文字列を扱う際には半角の「"」あるいは「'」で文字列を囲む．たとえば付値は my.dog <- "Barong" や my.height <- 168.0 などのように記す．

下の例はコンソールウインドウのコピーである．実際にRを用いて試す際にはプロンプト(>)は入力する必要はない．太字で示されている部分が入力した文字列である．

```
> my.dog <- "Barong"          # 文字列を付値．文字列はダブルクォートで囲む
> your.dog <- 'Harusuke'      # 文字列はシングルクォートで囲んでもよい
> x <- 1234.567               # 数値を付値
> my.dog                      # 変数を評価すると・・・
[1] "Barong"                  # その値が表示される
> your.dog
[1] "Harusuke"                # シングルクォートで囲んだ文字列もこのように表示される
> x                           # 変数を評価すると・・・
[1] 1234.567                  # その値が表示される
> 10/3                        # 式を評価すると，
[1] 3.333333                  # 即座に評価され値が表示される
```

---

8) WindowsではRエディタの一部を選択し，Ctlr + Rを押す(コントロールキーと同時にRキーを押す)ことによって選択部分がRコンソールにコピーされ実行される．またRエディタのなかで実行したい行にカーソルを置きCtrl + Rを押すとその行が実行される．Rエディタは内容をテキスト形式でファイルに入出力することができる．

```
> (1 + 10)*10/          # 式などが完結していないと・・・
+ 2                     # プロンプトが「+」に変わり，残りを入力すると・・・
[1] 55                  # 評価される
> y <- x <- (1 + 2)*3/4 # このような付値も可能
> x                     # 前の x に上書きされて・・・
[1] 2.25                # 評価すると 2.25 になる
> y                     # y にも同じ値が付値される
[1] 2.25
> (a <- 60*60*24*365)   # 付値だけでは値を表示しないがカッコでくるむと・・・
[1] 31536000            # 値が表示される
> b <- 365; c <- b/7; c # 複数の式をセミコロンで区切って1行に書くことができる
[1] 52.14286
```

(3) ベクトル： 数値や文字列のまとまり

R では数値や文字列をまとまりとして扱うことが多い。このようなまとまりの基本的な単位のことをベクトルという[9]。

ベクトルは combine（まとめる）の頭文字から命名された「c」という関数[10]を用いて作る。基本的な使い方は「c(1,3,2,7,5)」のように数値（あるいは文字列。文字列と数値が混在していてもよいが，その場合は数値も文字列となる）を引数とする。数値ベクトルは通常の数値（スカラーとよぶ）と同様に式の中で扱うことができる。また数値ベクトルに対して様々な値を返す関数，たとえば，データの個数(length)，総和(sum)，平均値(mean)，中央値(median)，最小値(min)，最大値(max)，分散(var)，標準偏差(sd)などを求める関数が多数用意されている。

```
> (x <- c(1,2,3,4,5))               # x にベクトルを付値して値を表示
[1] 1 2 3 4 5
> x*10                              # 全ての要素に対して計算が行われる
[1] 10 20 30 40 50
> x + x*10                          # 全ての要素に 10 をかけたものを足す
[1] 11 22 33 44 55
> sum(x)                            # 合計値
[1] 15
> sqrt(x); x^0.5; x^2; x^-1         # 平方根とべき乗
[1] 1.000000 1.414214 1.732051 2.000000 2.236068   # 平方根
[1] 1.000000 1.414214 1.732051 2.000000 2.236068   # 0.5 乗
[1]  1  4  9 16 25                                 # 2 乗
[1] 1.0000000 0.5000000 0.3333333 0.2500000 0.2000000  # -1 乗すなわち逆数
```

---

9) 数学でのベクトルも R のベクトルとして表すことができる。
10) R では数式以外のコマンドはほとんどが関数である。関数は「関数名(引数，引数・・・)」という形をしている。c も関数名である。ほとんどの関数は引数をいくつかとるが，現在の年月日時刻曜日を返す date() などのように，引数をとらない関数もある。

また，c 以外にもベクトルを作る便利な関数[11]として次のようなものがある。

a:b	a から b までの公差 1(a < b の時)あるいは公差 -1(a > b の時)の数列を作る。
seq(a,b,length=n)	a, b 間を n 等分する要素数 n 個の等差数列を作る。
seq(a,b,by=n)	a から b まで n ずつ増加(a < b の時)あるいは減少(a > b の時)する数列を作る。
rep(a:b,times=n)	a から b までの数列を n 回繰り返す数列を作る。a:b の部分は c(・・・)という書き方もできる。rep(c("A","B",times=3) と書けば"A","B","A","B","A","B" というベクトルができる。これは検定を行う際のデータを作るときに便利である。

（4） データフレームの作成： 分析用のデータをまとめた表

t 検定や分散分析などを行う時には，分析対象のデータに要因や水準の情報を付加した表のようなデータがあると便利である。このためにはデータフレームとよばれる表を作成する。たとえば 4 章で説明した対応のない t 検定では次のようなデータを分析の対象とした。

表 1 対応のないデータ

学 校	
A 校	B 校
21	30
25	28
22	34
24	32
23	36

R ではこれを data.frame という関数を用いてデータフレームという形式に格納する。次の例はこの表を使って ncr.t という変数にデータフレームを付値している。

---

11) 関数の中には引数にキーワードを指定する者もある。キーワードは他のキーワードと区別ができれば省略して記すことができる。たとえば times というキーワードは time でも，t でも正しく解釈される。ただし，関数名や変数名は略記できない。

```
> markA <- c(21,25,22,24,23)              # A校のデータ
> markB <- c(30,28,34,32,36)              # B校のデータ
> ncr.t <- data.frame(                    # データフレームの作成
+   学校 = factor(c(rep("A校",5), rep("B校",5))),  # 水準の名前の作成
+   得点 = c(markA, markB)                 # 得点
+ )
> ncr.t                                   # データフレーム ncr.t の内容
   学校 得点
1  A校  21
2  A校  25
3  A校  22
4  A校  24
5  A校  23
6  B校  30
7  B校  28
8  B校  34
9  B校  32
10 B校  36
```

例ではあらかじめ markA と markB という2つの変数にそれぞれの学校の得点を付値している。データフレームである ncr.t の中には「学校」と「得点」の2つの変数がある。「学校」には factor(c(rep("A校",5), rep("B校",5))) で, "A校" が5つ, "B校" が5つからなる文字列のベクトルを作っておき, これらを関数 factor で水準の名前であることを明示しておく[12]。

また次のように,「得点=」のあとには直接 c を用いて数値を書いても差し支えない

```
得点 = c(c(21,25,22,24,23), c(30,28,34,32,36))   # これでも・・・
得点 = c(21,25,22,24,23,30,28,34,32,36)           # これでも, どちらでも可
```

(5) データフレームの操作

データフレームの操作に関しては多くの関数が用意されているが, ここでは主要なものを紹介する。データフレームの例としては先の例で作成した ncr.t を用いる。

  str(変数名) 変数(正確にはオブジェクトという)の構造(structure)を表示する。変数名にデータフレームを指定すると, そのデータフレームに含まれる変数などの情報が表示される。

---

[12] この例では factor とそれに対応するカッコを省略しても問題ないが, 水準名が数字で始まる場合などは水準名が単なる数値であると認識され, 分析方法によっては正しい結果が出なかったりエラーが生じたりする場合がある。このため, 水準は factor を用いて明示しておく。

```
> str(ncr.t)
'data.frame':   10 obs. of  2 variables:
 $ 学校: Factor w/ 2 levels "A校","B校": 1 1 1 1 1 2 2 2 2 2
 $ 得点: num  21 25 22 24 23 30 28 34 32 36
```

　この例では ncr.t には 10 個の観測値と，学校と得点の 2 つの変数が含まれており，学校は要因を表(Factor と示されている)し"A 校"と"B 校"という 2 つの水準があること，得点は数値データ(num と示されている)であることなどが示されている。
　データフレームのなかの各変数にアクセスするには「データフレーム名 $ 変数名」と表記する。またデータフレームは 2 次元の表(行列)であるので，各要素に対しては下の例のような何種類かの記法がある。

```
> ncr.t$学校            # 変数「学校」を表示
 [1] A校 A校 A校 A校 A校 B校 B校 B校 B校 B校
Levels: A校 B校
> ncr.t$得点            # 変数「得点」を表示
 [1] 21 25 22 24 23 30 28 34 32 36
> ncr.t[4,2]            # ncr.t の 4 行 2 列目の値，すなわち A 校の 4 人目の得点を表示
[1] 24
> ncr.t[8,]             # ncr.t の 8 行目のデータを取り出す
  学校 得点
8 B校   34
> ncr.t[,2]             # ncr.t の 2 列目，すなわち「得点」を表示
 [1] 21 25 22 24 23 30 28 34 32 36
```

　この例ではこれらの記法はデータを表示するために用いている。しかし<-の左辺に持ってくることによって，データの付値にも使うことができる。たとえば「ncr.t[4,2] <- 100」とすると 4 人目のデータが 24 から 100 に変わる。
　上ではデータフレームにアクセスするいくつかの例を示したが，データによっては多数の観測値が含まれている場合もある。その時には次のような関数を用いて，データの一部を表示することができる。次に示す関数はデータフレームのみならず，ベクトルに対しても使うことができる。

　　　head(a,n)　　　データセットやベクトル a の最初から n 個分を表示する。n を省略すると 6 個分が表示される。
　　　tail(a,n)　　　データセットやベクトル a の最後から n 個分を表示する。n を省略すると 6 個分が表示される。

また次の例のように，条件をつけてデータフレームにアクセスすることもできる。

```
> ncr.t[5:7,]              # 5 番目から 7 番目のデータを表示
  学校 得点
5 A校   23
```

```
 6 B校 30
 7 B校 28
> ncr.t[c(1,3,4),]          # 1,3,4番目のデータを表示
  学校 得点
1 A校 21
3 A校 22
4 A校 24
> ncr.t[ncr.t$得点>30,]      # 得点が30を越えるデータを表示
  学校 得点
 8 B校 34
 9 B校 32
10 B校 36
> attach(ncr.t)             # attach(データフレーム名)としておくと・・・
> ncr.t[得点<=22,]           # データフレーム名を省略して
  学校 得点                  # データフレームの中の変数にアクセスできる
1 A校 21
3 A校 22
> detach(ncr.t)             # attach()を解除する。detach()でも可能。
# 条件を表す記法
# 等しい「==」, 等しくない「!=」, 不等号「>, <, >=, <=」,
# 論理記号の論理積（AND, ∧）「&」と論理和（OR, ∨）「|」を組み合わせて条件を指定している
> ncr.t[ncr.t$学校=="B校",]   # B校のデータ
  学校 得点
 6 B校 30
 7 B校 28
 8 B校 34
 9 B校 32
10 B校 36
> ncr.t[ncr.t$学校=="A校",]$得点   # A校の得点データ
[1] 21 25 22 24 23
> ncr.t[(ncr.t$得点>30 | ncr.t$得点<=22),]
  学校 得点
 1 A校 21
 3 A校 22
 8 B校 34
 9 B校 32
10 B校 36
> ncr.t[(ncr.t$得点>=23 & ncr.t$学校=="A校"),]
  学校 得点
2 A校 25
4 A校 24
5 A校 23
```

　Rではこれらの例以外にもデータのアクセス方法に非常に多くの方法があるので，詳細は参考文献を参照してほしい．

　またRでは?関数名(あるいはhelp(関数名))とすると，英文ではあるがその関数の引数などの詳細を記したドキュメントを見ることができる．さらにexample(関数名)とするとその関数の使用例がコンソールで実行される．

4. 記述統計量

この節ではデータの記述統計量の求め方のなかから，よく使うと思われるものを取り上げ紹介する。

ここで例に用いるデータは河内と持丸(2005)による日本人の身体計測のデータの一部であり[13]，データフレーム body に付値されているものとする。データには次に示すように8個の変数が格納されている。このデータは元々，18〜29歳男女と，60歳以上男女について測定されたものであるので年齢によって2群に分けられている。

```
# データフレーム body の構造
> str(body)
'data.frame':   500 obs. of  8 variables:      # 8 変数 500 人のデータ
 $ id       : int  1 2 3 4 6 7 8 9 10 11 ...   # 参加者番号
 $ gender   : Factor w/ 2 levels "F","M": 2 2 ...  # 性別
 $ age.group: Factor w/ 2 levels "A","Y": 2 2 ...  # 年齢グループ
 $ age      : num  19.8 22.3 21.4 19 20.2 ...     # 年齢
 $ height   : int  1748 1688 1743 1759 1756...    # 身長
 $ weight   : num  59.6 67.1 66.8 55.1 63 ...     # 体重
 $ sit.h    : int  928 902 956 944 946 899 ...    # 座高
 $ width    : int  462 486 485 474 454 406 ...    # 身体の最大幅
```

記述統計の基本的なものとして，以下のものがある。

mix(x)	最小値を求める。
max(x)	最大値を求める。
range(x)	最小値と最大値が長さ2のベクトルで求まる。
sum(x)	合計値を求める。
mean(x)	算術平均値を求める。
harmonic.mean(x)	調和平均を求める。psych ライブラリの関数。psych ライブラリを用いなければ 1/mean(1/x) で求めることができる。
median(x)	中央値を求める。
quantile(x,p)	p を省略するとパーセンタイル得点(0%, 25%, 50%, 75%, 100%)を求める。0% は最小値，50% は中央値，100% は最大値になる。結果は長さが5のベクトルで返され quantile(x)[4] とすると 75 パーセンタイル得点が求まる。p を数値ベクトルあるいはスカラー(いずれも0と1の間の値)で指

---

13) http://riodb.ibase.aist.go.jp/dhbodydb/91-92/ から入手可能である。
河内まき子・持丸正明(2005)，AIST 人体寸法データベース，産業技術総合研究所 H16PRO 287．

	定すると指定したパーセンタイル得点が求まる。
IQR(x)	xの四分位範囲(75パーセンタイル得点から20パーセンタイル得点をひいた値)が求まる。quantile(x, 0.75)-quantile(x, 0.25)と同じ。
var(x)	分散の不偏推定値を求める。標本分散を求める関数はなく，必要であればvar(x)*((x-1)/x)で求まる。
sd(x)	var(x)を開平した標準偏差値を求める。標本標準偏差はsd(x)*sqrt((x-1)/x)で求まる。
scale(x)	xの標準得点のベクトルを返す。x標準得点のベクトルは(x-mean(x))/sd(x)としても求まる。当然sum(scale(x))とmean(scale(x))は0に，sd(scale(x))とvar(scale(x))は1になる。
cov(x,y)	xとyの共分散を求める。
cor(x,y,method=M)	xとyの相関係数を求める。Mには"pearson"，"spearman"，"kendall"のいずれかを指定する。それぞれピアソンの積率相関係数，スピアマンの順位相関係数，ケンドールの順位相関係数を求める。method=以下を省略するとピアソンの積率相関係数が求まる。

```
> mean(body$height)          # 身長の平均値(単位は mm)
[1] 1632.17
> range(body$age)            # 最小値と最大値
[1] 18.183 88.458
> median(body$age)           # 年齢の中央値
[1] 22.035
> quantile(body$height)      # 身長のパーセンタイル得点
  0%   25%   50%   75%  100%
1352  1564  1627  1706  1877
> quantile(body$width)[4]    # 体幅の 75 パーセンタイル得点
75%
471
> quantile(body$width, c(0.75, 0.80))  # 体幅の 75, 80 パーセンタイル得点
75% 80%
471 476
> IQR(body$height)           # 身長の四分位範囲
[1] 142
> cov(body$age, body$height)              # 年齢と身長の共分散
[1] -910.548
> cor(body$height, body$weight)           # 身長と体重の相関係数
[1] 0.695893                              # ピアソンの積率相関係数
> cor(body$height, body$weight, method="spearman")   # 身長と体重の相関係数
```

```
[1] 0.704267                                    # スピアマンの順位相関係数
```

データの要約や水準毎の統計量は，以下のようにして求めることができる。

    `summary(x)`   x が数値ベクトルの場合は `quantile` と同じくパーセンタイル得点と平均値が求まる。x が文字列ベクトルの場合はそれぞれの頻度が求まる。`summary` にはこの他にも x の種類によって分散分析表を求めるなどのさまざまな使い方がある。

    `fivenum(x)`   数値ベクトル x のパーセンタイル得点が長さ 5 のベクトルで求まる。五数要約ともよばれる。

    `by(d,c,f)`   d にデータ，c に要因，f に関数名を指定すると，c の要因の水準毎に d のデータについて，f の関数の値を求める。

```
> summary(body$age)           # 数値ベクトルの場合はパーセンタイル得点
  Min. 1st Qu. Median   Mean 3rd Qu.   Max.
 18.18   19.90  22.04  30.94   27.99  88.46
> summary(body$gender)        # 文字列ベクトルの場合はそれらの頻度。ここでは男女の数
  F   M
244 256
> fivenum(body$age)           # 年齢のパーセンタイル得点
[1] 18.183 19.900 22.035 28.032 88.458
> by(body$height, body$gender, mean)    # 身長についての男女毎の平均値
body$gender: F                # 女性の平均身長
[1] 1568.631
------------------------------------------
body$gender: M                # 男性の平均身長
[1] 1692.730
```

5. データの図示

  R にはグラフィックス関連の非常に多くの関数が用意されている。デフォルトの設定で描いてもデータの視覚的な把握は十分にできるが，細かい指定をすることによってレポートや論文に載せることのできる品質のグラフを描くことができる。この節では主にデフォルトの設定の例と，頻繁に使うであろう設定についてもいくつか紹介する。

  一般的に R ではデフォルト設定でほぼ十分なことができる。しかし細部の詳細な設定，特にグラフの描画では多くの関数やオプションを使わなければならない。これは R の設計思想に由来するものである。しかし作成されたグラフは非常に高品位で

ある[14]。

　グラフはコンソールやRエディタとは別のR Graphicsというウインドウに描画される。このウインドウは履歴を残すことができ，またグラフを様々な形式でファイルに書き出す機能も持っている[15]。

　多くの場合グラフは，データ分析の最初にデータの分布を見るためや，要因や水準ごとの平均値のグラフを見るために描くことが多いであろう。Rでもデータからそのままこれらのグラフを描画する関数が用意されている。この節ではデータの分布を見るためのグラフや，要因計画データの図示の方法などを紹介する。

（1）　データの分布の図示

■幹葉図：stem

　幹葉図(stem-and-leaf plot)はヒストグラムと同様に分布の概略をつかむために順序尺度以上の尺度で用いられる。幹葉図では幹とよばれる部分にヒストグラムと同様に階級値が，その右側の葉とよばれる部分にその階級の頻度が表される。ただヒストグラムと異なるのは，葉の部分に階級値以下の数値が左から昇順に並べられ，階級内でのデータの分布の様子についても概略を知ることができる。

　Rではコンソールウインドウに直接表示される。書式は，

```
stem(x, width=n)
```

である。xには表示する数値ベクトルを，width=nは1行の文字数を指定する。widthは省略することができデフォルトはnが80である。

　次の例ではxに正規分布に従う100個の乱数(平均は50，標準偏差は15)を付値し[16]，xの分布を1行60文字で描いている。

```
> mydata <- rnorm(100, mean=50, sd=15)    # 乱数100個をxに付値
> mean(mydata); median(mydata); sd(mydata)    # 平均値，中央値と標準偏差をみると・・・
[1] 48.17118         # 平均値は設定した値50に近い
[1] 45.89222         # 中央値。平均値とほぼ同じなので分布は左右対称
[1] 15.92042         # 標準偏差値は設定した値15に近い
> stem(mydata, width=60)     # 幹葉図を1行60文字で表示
# 出力の最初のメッセージは葉の右側が小数点の位置であることを示している。
# したがって最初の階級のデータは12, 16, 17, 17の4個であることがわかる。
```

　14）　Rのプロンプトの後にdemo("geaphics")，demo("image")と入力するとグラフ描画のデモを見ることができる。ソースコードもコンソールに表示されるので，それを参考にしてグラフを描くこともできる。

　15）　履歴の残し方はインストールされているOSによって異なる。詳細は参考文献を参照のこと。WindowsではR Graphicsのウインドウを選択すると現れる［履歴］メニューから［記録］を選択する。ファイルへの保存はメニューで［ファイル］→［保存］と進むとさまざまなファイル形式(BMP，JPG，PDFなど)の選択肢が表示されるので，必要な形式が選択できる。

```
    The decimal point is 1 digit(s) to the right of the |
    1 | 2677
    2 | 233459
    3 | 01133444445577788999
    4 | 01122233334444445556667778888
    5 | 0133355566778999
    6 | 22233346678899
    7 | 011222357
    8 | 56

> min(mydata)                    # 最小値
[1] 12.11873
> mydata[mydata > 80]            # 80 以上の値
[1] 85.36316 85.74723
```

幹葉図をみると分布は単峰性でほぼ左右(上下)対象であることが見てとれる。また最小値の 12.11873 は階級値 1 (実際は 10 台)の最初の葉に，80 以上の値は 2 つあって 85 と 86 (どちらも四捨五入されているので 85 と 86 になる)であることが幹葉図からわかる。

分布の形状については平均値や標準偏差値と同時に歪度や尖度を求めることが多い。しかしこれらの値を求める関数は R に用意されていない。歪度と尖度[17]は次のように自前で関数を書いて[18]求めることができる。

```
# 歪度を求める関数 skew の定義
> skew <- function(x) {
+    return( mean((x-mean(x))^3) / (sd(x)^3) )
+ }
# 尖度を求める関数 kurt の定義
> kurt <- function(x) {
+    return( mean((x-mean(x))^4) / (sd(x)^4) )
+ }
> skew(mydata); kurt(mydata)     # 実際に x の歪度と尖度を求める
[1] 0.0981308                    # 歪度
[1] 2.494567                     # 尖度
```

このデータでは歪度は左右対称を表す 0 にほぼ近い値になっている。尖度は正規分布の場合は 3 になるので，ほぼ正規分布と同じ尖り具合になっていることがわかる。データ x は正規分布にしたがっているものの乱数であるため正確に 0 と 3 にはなっ

---

16) rnorm(個数, mean=平均値, sd=標準偏差)で指定する。mean と sd は省略可でデフォルトではそれぞれ 0 と 1 (すなわち標準正規分布)に設定されている。乱数を生成する関数は代表的な分布について R に用意されている。たとえば runif は 0 から 1 までの一様乱数を生成する。このほかにも t 分布，F 分布，χ^2 分布に基づくものなどがある(それぞれ rt, rf, rchisq。引数はヘルプを参照)。

17) 1 章を参照。

18) 関数の定義方法については本書では扱わないので参考文献を参照。

ていない。

(2) 箱ひげ図：`boxplot`

箱ひげ図(box plot, box-and-wiskar plot)は第1，2，3四分位数(それぞれ25，50，75パーセンタイル得点。第2四分位数は中央値)。と外れ値などを描いたグラフである。分布の中心的傾向や歪み具合，外れ値の様子などが一瞥してわかる利点がある。

`boxplot`の書式は，

`boxplot(x)`[19]

図2は自由度2のχ^2分布に従う乱数100個について，箱ひげ図を描いたものである。

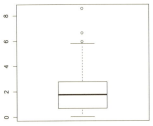
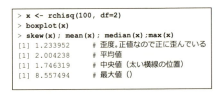

図2 自由度が2のχ^2分布に従う乱数100個についての箱ひげ図

箱の部分は下から第1，2，3四分位数，点線の先の直線は下が「第1四分位数から四分位領域の1.5倍の範囲にある最小のデータ」，上が「第3四分位数から四分位領域の1.5倍の範囲にある最大のデータ」である。またこれから外れた値は，実際のデータがプロットされる。

この例では自由度2のχ^2分布が著しく正に歪んだ分布であることがわかる。またこれは歪度が正値であることからも見てとれる。

(3) ヒストグラム：`hist`

ヒストグラムは横軸に階級を，縦軸にその階級に含まれるデータの頻度を描いた棒グラフである。順序尺度以上の尺度のデータの分布を調べるために用いられる。通常，棒と棒の間には間隔を空けず，最小値の属する階級の左側と，最大値の属する右側には度数が0の階級を設ける。

Rの`hist`はグラフィックウインドウに描かれ，`hist`専用の引数の他にも他のグ

---

[19] `boxplot`自体も四分位数などについての値を返す。`str`を用いて各自確かめられたい。また`boxplot`は後述の水準別の代表値の表示でも用いられる。

ラフィックス関連の関数と共通の多くの引数を持っている。ここではそれらの引数のうち主なものも紹介する。

hist の書式は，

　　　　hist(x, breaks=数値ベクトル, freq=TRUE, plot=TRUE)[20]

である。x には表示する数値ベクトルを，freq=FALSE とすると縦軸が相対頻度になる。また plot=FALSE とするとヒストグラムが表示されないようになる。hist(を含め多くのグラフ描画関数)がそのグラフに関するさまざまなデータを返すので，それを利用するときに用いる。hist では次の例に示すように度数分布表などのデータが返される。

```
> hist(mydata)                           # 一番簡単な指定でヒストグラムを描く
> hist(mydata,breaks=seq(0,100,by=10))   # 横軸の階級を指定
> str(hist(mydata,plot=FALSE))           # hist が返す値(戻り値)の構造
List of 7
 $ breaks     : num [1:9] 10 20 30 40 50 60 70 80 90   # 階級の下限
 $ counts     : int [1:8] 4 7 20 29 15 14 9 2          # 階級に含まれる頻度
 $ intensities: num [1:8] 0.004 0.007 0.02 0.029 0.015 0.014 0.009 0.002
 $ density    : num [1:8] 0.004 0.007 0.02 0.029 0.015 0.014 0.009 0.002
 $ mids       : num [1:8] 15 25 35 45 55 65 75 85      # 階級の中点
 $ xname      : chr "mydata"
 $ equidist   : logi TRUE
 - attr(*, "class")= chr "histogram"
```

ここで描かれたヒストグラムは図3のようになる。

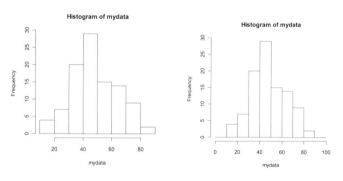

図3　2つのヒストグラム

---

20) キーワードの freq や plot に指定される値は論理値(TRUE か FALSE)であり，ここではいずれも TRUE がデフォルト値である。キーワードを省略するとデフォルト値が使われる。また TRUE は T，FALSE は F と書いてもよい。

左のパネルは最も簡単にヒストグラムを描いた例であり，右のパネルは階級を指定した例である。

histには他の描画関数でも利用できる引数がいくつかある。ここでは頻繁に使うであろうものをいくつか紹介しよう。

main="文字列"	グラフのタイトルに表示する文字列を指定する。
sub="文字列"	グラフの再下端に表示する文字列を指定する。
xlab="文字列"	x軸のキャプションを指定する。
ylab="文字列"	y軸のキャプションを指定する。
xlim=数値ベクトル	x軸の刻みを指定する。
ylim=数値ベクトル	y軸の刻みを指定する。
col=	色の指定をする。histの場合は棒の色の指定。=のあとには色を表す数値か，"blue"などの色名の文字列を指定する。使用できる色名はcolors()で表示できる。
lty=n	グラフの線の種類を指定する。デフォルトはn=1で直線である。n=2とすると点線。グラフによってどの部分の線のタイプを指定できるかが異なる。help(par)で詳細を見ることができる。
lwd=n	グラフの線の太さを指定する。デフォルトはn=1で一番細い。nを増やすと太くなる。グラフによってどの部分の線のタイプを指定できるかが異なる。help(par)で詳細を見ることができる。

これらの他に描画一般に使うことができる関数としてtitle(キャプション関連のもの

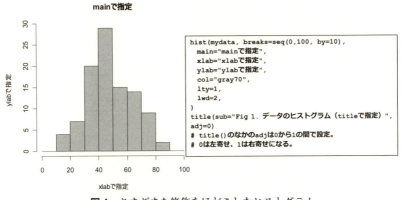

図4 さまざまな修飾をほどこしたヒストグラム

をまとめて描画する)や par(様々な描画のオプションを設定する)，lines(画面に線を描く)，ploygon(画面に多角形を描く。グラフの特定部分を塗りつぶすなどに便利)などがある。いずれの関数も描画関数でグラフを描いた後に実行する。

図4はヒストグラムを引数と title 関数を使って修飾した例である。

(4) 度数多角形：`hist, plot`

関数 hist の戻り値を利用して度数多角形を描くことができる。hist の戻り値である $mids(階級の中点のベクトル)を横軸に，$counts(階級に属する度数のベクトル)を縦軸にして，関数 plot で描く。plot は折れ線グラフを描く最も汎用的な関数であり，これ以外にも様々な利用方法がある。図5の例では plot の引数に lty があるが，これは折れ線のタイプの指定であり文字列を指定する。この例の指定である"l"は線だけを，デフォルトである"p"は点だけを，"b"は線と点の両方(独特のスタイルであるので試して欲しい)を描く。

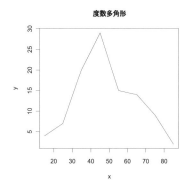

```
x <- hist(mydata, plot=FALSE)$mids
y <- hist(mydata, plot=FALSE)$counts
plot(x, y, main="度数多角形", type="l",lwd=2)
```

図5 度数多角形の例

(5) Q-Q プロット：`qqnorm, qqline`

Q-Q プロットとは片方の軸にデータのパーセンタイル得点を，他方の軸に参照する分布のパーセンタイル得点をとった散布図である。参照する分布として正規分布を用いたものを正規確率プロットとよぶ。正規確率プロットはデータが正規分布に従っているか否かを視覚的に表すものでデータの分布の概要を視覚的に表示する方法としてヒストグラムなどと同じように用いることができる。

- `qnorm(x)` 数値ベクトル x の正規確率プロットを描く。縦軸はデータの実際の値になる。表示されるプロットの数は `length(数値ベクトル)` 個である。

qqline(x)　　直前に描いた qnorm のグラフに直線を付けたす。直線は実際のデータが正規分布に従っていた場合のプロットの位置を表している。したがってこの直線から離れていれば，そのデータは正規分布から離れていることになる。また，qnorm で描いたプロットがこの直線上にあれば，データはほぼ正規分布に従っているということがわかる。

　図 6 に正規分布，一様分布，正に歪んだ分布，負に歪んだ分布それぞれの正規確率プロットの例を示す。それぞれ 200 個のデータがプロットされている。
　正規分布の場合はほぼデータが直線上に並んでいるのに対し，他の分布では直線から離れているのが見てとれる。また正に歪んだ分布では分布の右側（縦軸で上の方）が正

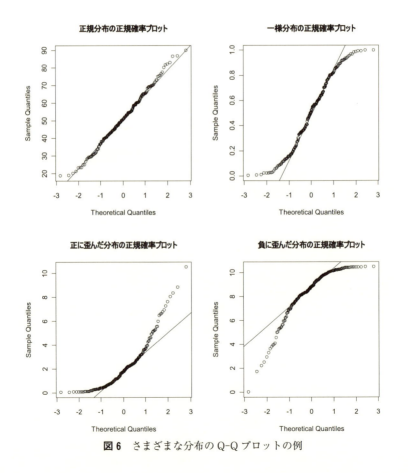

図 6　さまざまな分布の Q-Q プロットの例

規分布から外れ，負に歪んだ分布では分布の左側が正規分布から外れていることが見てとれる．

（6） 水準ごとの処理

要因配置のデータでは水準ごとの代表値を図示するための関数が用意されている．要因の指定や組み合わせ，従属変数などを指定するためにRでは「formula」とよばれる書式が用いられる．これは分散分析や回帰分析（本書では扱わない）などを行う際にも用いられるので概略を説明する．

最も単純な形は

  y ~ a   # yが従属変数，aが独立変数すなわち要因

である．~の左辺に従属変数（処理の対象となる変数）を，右辺に独立変数を指定する．独立変数はfactorを用いて要因であることが指定されている必要がある[21]．

基本的には次の2つの書き方がある．

  y ~ a + b   # 要因aと要因bをそれぞれ別々に
  y ~ a : b   # 要因aの水準と要因bの水準の組み合わせで

たとえば学年aには1年，2年，3年の3水準が，性別bにはMとFの2水準が割り当てられているとすると，「a + b」は1年，2年，3年，M，Fについて処理が行われる．一方「a : b」は1年M，1年F，2年M，・・・3年Fの6つの組み合わせについて処理が行われる．

分散分析の場合の指定で必要となる「formula」のこの他の書式はII巻で述べるが，基本的にはここで示した規則に従うと考えればよい．

ここでは以下の例のために2要因（grade(3) × gender(2)）のデータフレームCRFを準備する．

```
# 男性のデータ 3学年分
> m1 <- c(6,10,2,2);   m2 <- c(14,16,8,10);   m3 <- c(19,25,14,18)
# 女性のデータ 3学年分
> f1 <- c(23,24,18,19);   f2 <- c(19,21,13,15);   f3 <- c(18,18,14,14)
# データフレーム CRF の作成
> CRF <- data.frame(
+ gender=factor( c(rep("= ",12),rep("= ",12))),
+ grade = factor( rep(c(rep("1= ",4), rep("2= ",4), rep("3= ",4)),2)),
+ y = c(m1,m2,m3,f1,f2,f3))
> str(CRF)
'data.frame':   24 obs. of 3 variables:
```

---

21) 多くの関数ではデータと同じ長さの文字列ベクトルであってもかまわない．しかし混乱を避けるために本書では水準ごとの代表値を求める関数や，検定を行う関数へ渡すデータは，データフレームとして作成することを前提とする．

```
 $ gender: Factor w/ 2 levels "女","男": 2 2 2 2 2 2 2 2 2 2 ...
 $ grade : Factor w/ 3 levels "1年","2年","3年": 1 1 1 1 2 2 2 2 3 3 ...
 $ y     : num  6 10 2 2 14 16 8 10 19 25 ...
> head(CRF, 3)          # データフレーム CRF の最初の 3 つのデータ
  gender grade  y
1    男    1年   6
2    男    1年  10
3    男    1年   2
```

(7) 水準ごとの代表値の図示：`boxplot`, `stripplot`, `plotmeans`, `interaction.plot`

`boxplot(x)`	箱ひげ図を描く。x に `formula` を指定できる。
`stripplot(x)`	実行前に `library(lattice)` を実行しておく[22]。x には `formule` も指定できる。個々のデータを，`formula` 形式の~の右辺で指定した要因の水準ごとに描く。
`plotmeans(formula)`	実行前に `library(gplots)` を実行しておく。平均値を，個々のデータを `formula` 形式の~の右辺で指定した要因の水準ごとに描く。~の右辺にはひとつの変数(要因)しか書くことができない。エラーバーが表示される。これは 95%の信頼区間[23]を表している。
	2 つの変数(要因)がある場合には次の `interaction.plot` を使う。
`interaction.plot(a, b, fun=f)`	要因 a と b 別に fun=で指定された値を折れ線グラフでプロットする。a が横軸にとられ，b が線の種類で表される。fun=が省略された場合には fun=mean と見なされる。f は数値ベクトルを引数にとり，ひとつの値を返す関数(median, sd など)を指定する。

---

22) これは lattice というライブラリを読み込むためである。一度読み込んだ後は R を終了するまで再読み込みする必要はない。ライブラリの使用については参考文献を参照してほしい。

23) 信頼区間(補遺 4 参照)は，母平均を区間推定した場合の範囲である。95%の信頼区間とはその範囲に母平均が入る確率が 95%であることを示している。標本の散布度を直接表す値ではないが，標本の散布度にほぼ比例した値であるので，標本の散布度を反映していると見てよい。

```
boxplot(CRF$y ~ CRF$grade:CRF$gender, main="boxplotの例")
stripplot(CRF$y ~ CRF$grade, pch=21, col="black", main="stripplotの例")
plotmeans(CRF$y ~ CRF$grade, main="plotmeansの例")
interaction.plot(CRF$grade, CRF$gender, CRF$y, main="interaction.plotの例")
```

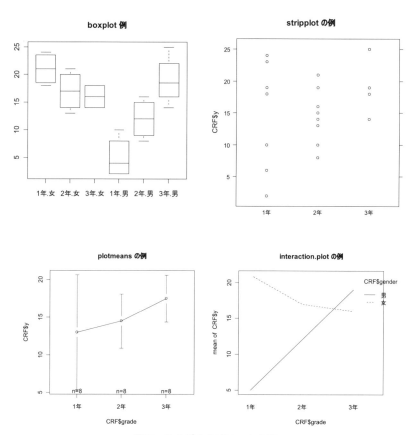

図7 さまざまなプロットの例

これらのグラフはデータを一瞥して傾向をつかむ際にデフォルトで描いてみることができる。また，ヒストグラムの例で行ったように，さまざまに修飾することもできる。また，それぞれの関数にはここに挙げていない引数も多いので是非ヘルプなどを参照されたい。

6. 検定統計量の臨界値，有意確率，分布に基づく乱数

検定統計量を求めて帰無仮説についての決定を行う際には，自由度や危険率から臨界値を求める必要がある．通常，この作業は臨界値の表を用いて行うことができる．Rを用いると数表と同じように臨界値を求めることができ，さらに自由度が小数の場合，たとえばWelchの検定などの場合の臨界値も求めることができる．またRでは求めた統計検定量から直接に有意確率を求めることもできる．

(1) 関数の一般的な形：dxxx, pxxx, qxxx, rxxx

xxxの部分には標本分布の名前がはいる．代表的な分布としては正規分布(norm)，t分布(t)，F分布(f)，χ^2分布(chisq)，スチューデント化された範囲の分布(tukey)，Wilcoxonの順位和統計量(wilcox)，二項分布(binom)，一様乱数(unif)などがある．実際に用いる際にはd, p, q, rのあとに分布の名前を入れる．たとえばt分布ならdt, pt, qt, rtという関数になる．

(2) 関数の機能

dxxx関数は検定統計量を引数にとり，その引数に相当する分布の確率密度(分布をグラフに描いた場合の縦軸の値)を返す．この関数は分布の形をグラフに描くときなどに用いる．

pxxx関数も検定統計量を引数にとる．この関数は検定統計量の下側や上側の面積，すなわち有意確率を求める．

qxxx関数は確率を引数にとり，pxxx関数とは逆に検定統計量を返す．臨界値を求める場合に用いる．

rxxx関数は分布xxxに従う乱数を生成する．主にシミュレーションを実行するときに用いる．

分布によって平均値や標準偏差の指定が必要なもの(たとえばnormには平均と標準偏差の指定が必要である．もし指定がなければ平均0，標準偏差1と見なされる)や，自由度の指定が必要なもの(t, f, chisqなど)がある．また分布によってはd, p, q, rの一部しかないもの(tukeyにはdtukeyとptukeyしかない)もある．

(3) 有意確率を求める：pxxx

数表を用いる場合には危険率と自由度に対応した臨界値を，得られた検定統計量と比較して帰無仮説についての判断を行う．しかしpxxx関数を用いると検定統計量から直接有意確率を求めることができる．pxxx関数は引数として検定統計量と自由度をとる．それぞれの引数にlower.tail=FALSEが指定されているのは上側の(分布の右側の)確率を表示するためである．これを省略あるいはlower.tail=TRUEとす

ると右側確率が計算される。

　t分布，F分布，χ^2分布についてそれぞれ有意確率を求める例を示す。

```
> pt(4.56, df=8, lower.tail=FALSE)            # 自由度 8 の t 分布の例
[1] 0.0009249545                              # 有意確率
> pf(3.14, df1=2, df2=10, lower.tail=FALSE)   # 自由度が 2 と 10 の F 分布の例
[1] 0.08744359                                # 有意確率
> pchisq(2.34, df=1, lower.tail=FALSE)        # 自由度が 1 の χ²分布の例
[1] 0.1260896                                 # 有意確率
>
```

（4） 臨界値を求める：qxxx

　標準正規分布やt分布のように分布が左右対称の場合，臨界域を分布の左右の裾野に設定する。したがって，たとえば分布の中央より右側を考えた場合の臨界域に対応する面積は$a/2$となる。このため標準正規分布やt分布についての臨界値をqnormやqtで求めようとする場合には少々工夫が必要である。具体的には次のようにしてaが5%の際の臨界値が求まる。

```
> qnorm(0.05/2, mean=0, sd=1, lower.tail=FALSE)   # 標準正規分布
[1] 1.959964
> qt(0.05/2, df=8, lower.tail=FALSE)              # t 分布
[1] 2.306004
```

　`lower.tail`は分布の下側(左側)の確率を求めるか否かを指定する引数である。省略した場合はTRUEとなる。臨界値を求める際は上側(右側)の面積に相当する統計量を求めたいのであるから必ずFALSEを指定する。

　qnormもqtも最初の引数は確率である。両側検定であるから棄却域が分布の両端にとられるが，qnorm, qt 関数とも`lower.tail=FALSE`として分布の上側の面積に対応する検定統計量を返すから，確率としては$a/2$すなわち0.05/2としなければならない。またqnorm関数では平均と標準偏差をそれぞれ指定する必要がある。

　次の例はχ^2分布とF分布の例である。

```
> qf(.05, df1=2, df2=15, lower.tail=FALSE)    # F 分布，自由度が 2 つ
[1] 3.68232
> qchisq(.05, df=1, lower.tail=FALSE)         # χ²分布
[1] 3.841459
```

　いずれも左右が非対称の分布であるので臨界域は分布の右端である。したがって危険率はそのまま指定すればよく上側(右側)の確率をしているのでlower.tail=FALSE

を指定する。またqfでは自由度を2つ（df1が分子の自由度，すなわち検定対象の要因の自由度，df2が分母の自由度すなわち誤差項の自由度である），qchisqでは自由度を1つ指定する。

7. t検定

t検定は対応のない場合についても，対応のある場合についても，関数t.testを用いて行う。またこの関数では等分散を仮定しないWelchの検定も行うことができる。

t.testは次のいずれかの方法で実行できる。

t.test(x, y, var.equal=T)
対応のない t 検定。xとyにそれぞれ数値ベクトルをいれる。var.equal=Tとすると分散の等質性を仮定した通常の t 検定が行われ，var.equal=FとするとWelchの検定が行われる。デフォルトはvar.equal=F。

t.test(x, y, paired=T, var.equal=T)
対応のある t 検定。xとyにそれぞれ数値ベクトルをいれる。var.equal=Tとすると分散の等質性を仮定した通常の t 検定が行われ，var.equal=FとするとWelchの検定が行われる。デフォルトはvar.equal=F。

t.test(formula, var.equal=T, data=データフレーム名)
対応のない t 検定を行う。formulaにはmark ~ groupのように，従属変数と要因を指定する。

t.test(x)
数値ベクトルの母平均が0であるか否かの t 検定を行う。対応のある t 検定では差のスコアの変数をいれる。

まず，4章の数値例を用いてデータフレームtdataを作成する。

```
> dataA <- c(21,25,22,24,23)
> dataB <- c(30,28,34,32,36)
> tdata <- data.frame(              # データフレームtdataをつくる
+     水準 = factor(c(rep("A",5), rep("B",5))),   # fが要因。水準AとBがある
+     得点 = c(dataA, dataB))        # yがデータ
> str(tdata)                         # tdataの構造
'data.frame':    10 obs. of  2 variables:
```

```
 $ 水準: Factor w/ 2 levels "A","B": 1 1 1 1 1 2 2 2 2 2
 $ 得点: num  21 25 22 24 23 30 28 34 32 36
```

これを用いて対応のない t 検定，Welch の検定，対応のある t 検定を行う。

```
> t.test(得点 ~ 水準 , var.equal=T, data=tdata)      # 対応のない t 検定。等分散を仮定
# 次のように書いても同じ
# t.test(tdata$ 得点 ~ tdata$ 水準 , var.equal=T)

        Two Sample t-test

data:  得点 by 水準
t = -5.6921, df = 8, p-value = 0.0004585    # 検定統計量，自由度，確率
alternative hypothesis: true difference in means is not equal to 0
95 percent confidence interval:
 -12.646113  -5.353887
sample estimates:
mean in group A mean in group B        # 各水準の平均値が表示される
             23              32

> t.test(得点 ~ 水準 , data=tdata)              # Welch の検定
# 次のように書いても同じ
# t.test(tdata$ 得点 ~ tdata$ 水準)

        Welch Two Sample t-test

data:  tdata$ 得点 by tdata$ 水準
t = -5.6921, df = 5.882, p-value = 0.001358
alternative hypothesis: true difference in means is not equal to 0
95 percent confidence interval:
 -12.887742  -5.112258
sample estimates:
mean in group A mean in group B
             23              32
> 差のスコア <- tdata$ 得点[tdata$ 水準 == "A"] -    # 2 水準間の差のスコア diff を求める
+              tdata$ 得点[tdata$ 水準 == "B"]
> t.test(差のスコア)                    # diff の母平均が 0 か否かの検定
                                       # いわゆる対応のある t 検定
        One Sample t-test

data:  差のスコア
t = -5.1117, df = 4, p-value = 0.006926
alternative hypothesis: true mean is not equal to 0
95 percent confidence interval:
 -13.888436  -4.111564
sample estimates:
mean of x                          # 差のスコアの平均値
       -9
```

8. χ^2 検定とフィッシャーの正確確率検定：chisq.test, fisher.test

5章に記したように χ^2 検定は適合度の検定と変数の独立性の検定，比率の等質性の検定を行うために用いる．このうち後ろの2つはデータの収集方法が異なるだけで計算過程は同一である．

(1) 適合度の検定

適合度の検定はデータを数値ベクトルとして用意し，関数 chisq.test を用いて行う．chisq.test は期待度数などのさまざまな統計量を返す．以下では5章の「ペットの選好の例」をもちいて χ^2 検定を行う．

書式は，

```
chisq.test(x, p=期待値の相対度数, correct=TRUE)
```

である．適合度の検定の場合には x に観測度数のリストを指定する．変数の独立性の検定では x は分割表を表す行列を指定する．p は適合度の検定の場合の期待値の相対頻度のリストを指定する．指定しなければ観測度数の総和をカテゴリ数で割った値がはいる．correct は指定しなければ TRUE が入り2次元の分割表の場合は連続性の修正が行われる．

```
> pref <- c(64,36)                       # データ (観測度数)
> chisq.test(pref, p=c(0.5, 0.5))        # この例ではpを指定しなくても
                                         # 結果は同じである
        Chi-squared test for given probabilities


data:  pref
X-squared = 7.84, df = 1, p-value = 0.00511    # 検定統計量，自由度，有意確率

> res <- chisq.test(pref)        # res に chisq.test の戻り値を付値
> str(res)                       # res の構造
List of 8
 $ statistic: Named num 7.84   # 検定統計量
  ..- attr(*, "names")= chr "X-squared"
 $ parameter: Named num 1
  ..- attr(*, "names")= chr "df"
 $ p.value  : num 0.00511      # 有意確率
 $ method   : chr "Chi-squared test for given probabilities"
 $ data.name: chr "pref"
 $ observed : num [1:2] 64 36          # 観測度数
 $ expected : num [1:2] 50 50          # 期待度数
 $ residuals: num [1:2] 1.98 -1.98
 - attr(*, "class")= chr "htest"
> res$expected                          # 期待度数の表示
[1] 50 50
```

（2） 変数の独立性の検定，比率の等質性の検定：図示法として mosaicplot

これらの検定では chisq.test に渡すデータとして分割表が必要となる。R ではこれを matrix(行列)として表現する。行列の行(row：数値の横の並び)と列(column：数値の縦の並び)にそれぞれ名前をつけることができる。

まず5章の「性別とペットの選好」の例を用いて分割表をつくる。

```
> dogcat <- matrix(c(25, 40,                    # 関数 matrix を用いて行列をつくる
+                    25, 10),                   # 関数 c で数値を設定
+   nrow=2,                                     # nrow で行数を指定
+   byrow=TRUE,                                 # byrow=TRUE で数値を行方向に使うことを指定
+   dimnames = list(Gender = c("girl", "boy"),  # 行の名前を指定
+                   Prefer = c("dog", "cat")))  # 列の名前を指定
>
> dogcat                                        # 行列 dogcat の内容
      Prefer
Gender dog cat
  girl  25  40
  boy   25  10
```

ここで dimnames=以下は省略しても構わないが，あとでデータを図示するときのために指定しておく。戻り値にはさまざまの統計量が格納されている。下の例では期待度数を表示している。

```
> chisq.test(dogcat, correct=FALSE)             # 連続性の修正をしない

        Pearson's Chi-squared test

data:  dogcat
X-squared = 9.8901, df = 1, p-value = 0.001662

> res <- chisq.test(dogcat, correct=FALSE)
> res$expected                                  # 期待度数を表示
      Prefer
Gender  dog  cat
  girl 32.5 32.5
  boy  17.5 17.5
```

分割表は図8のようなモザイクプロットという図で視覚的に表すことができる。ここでの例は 2×2 の分割表の例であるが，一般に $n \times m$ の分割表でも描くことができる。書式は

   mosaicplot(行列)

である。
モザイクプロットでは縦軸と横軸が2つの変数の周辺度数に対応している。

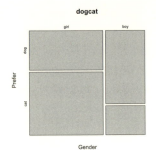

図8 モザイクプロットの例

(3) フィッシャーの正確確率検定：`fisher.test`

2×2 の分割表の検定では χ^2 検定をつかう。これは分割表から計算される χ^2 値が χ^2 分布に近似的に従うことを利用している。しかし，分割表からはその正規確率を正確に算出することができる。このためにフィッシャーの正確確率検定を用いる。書式は

     `fisher.test(行列)`

である。

次の例は5章の「イヌとネコの男女別の選好」の数値例を用い，フィッシャーの正確確率検定を行ったものである。

```
> fisher.test(dogcat)
        Fisher's Exact Test for Count Data

data:  dogcat
p-value = 0.003052
alternative hypothesis: true odds ratio is not equal to 1
95 percent confidence interval:
 0.09202286 0.65639763
sample estimates:
odds ratio
 0.2536849
```

それぞれに有意確率が異なっていることが見てとれる。

(4) 二項検定：`binom.test`

二項検定とは二項分布をなす名義尺度の変数[24]についての検定であり `binom.test` を用いて実行することができる。書式は，

---

24) たとえばコインの表／裏や成功／失敗など2種類の値(カテゴリ)を持つ名義尺度の変数。

```
binom.test(x, n, p=0.5)
```
である。説明のため2種類の値(カテゴリ)を仮に表／裏とする。xは2種類の指定の方法がある。1つは表と裏のそれぞれの観測値を c(8, 10) のように長さが2のリストで与える方法である。この場合は n を指定する必要はない。もうひとつは x に表の観測値を与える方法である。この場合には n に試行数を指定しなければならない。p には表の出る確率を与える。省略するとデフォルトで0.5が指定される。

```
> binom.test(c(8,10), p=0.5)         # p は省略可   binom.test(8, n=18)でも同じ結果

        Exact binomial test

data:  c(8, 10)
number of successes = 8, number of trials = 18, p-value = 0.8145
alternative hypothesis: true probability of success is not equal to 0.5
95 percent confidence interval:
 0.2153015 0.6924283
sample estimates:
probability of success
             0.4444444
```

9. ライブラリのインストールについて

　主要なライブラリはRをインストールした時点でRのシステムに組み込まれlibrary(ライブラリ名)としただけでメモリに読み込まれる。しかし最初からRにインストールされていないライブラリも多くある。そのようなライブラリを library(ライブラリ名)として指定するとライブラリが見つからない旨のエラーが表示される。

　このような場合はRコンソールの「パッケージ」メニューから「パッケージのインストール」を実行する。実行すると最初にパッケージをダウンロードするサイトを指定するメニューが開くので，日本国内のサーバを指定する。指定した後にパッケージの全リストがアルファベット順に表示されるので希望するライブラリを指定する。

　ライブラリを指定したらパッケージがPCにダウンロードされRのプロンプトが表示されるので，そのあとに library(ライブラリ名)を実行する。こうすることによってそのライブラリを使用することができるようになる。

　パッケージのダウンロードは1度行うだけでPCにダウンロードされるので再度行う必要はない。ただパッケージの使用前には library(ライブラリ名)を実行する必要がある。これはいったん読み込んだパッケージもRの終了と同時にメモリから消えてしまうからである。

付　表

付表 A　標準正規分布の面積
付表 B　t の臨界値
付表 C　χ^2 の臨界値

付表 A 標準

z 値	0.5−上側	上側確率	z 値	0.5−上側	上側確率	z 値	0.5−上側	上側確率
0.00	0.0000	0.5000	0.56	0.2123	0.2877	1.11	0.3665	0.1335
0.01	0.0040	0.4960	0.57	0.2157	0.2843	1.12	0.3686	0.1314
0.02	0.0080	0.4920	0.58	0.2190	0.2810	1.13	0.3708	0.1292
0.03	0.0120	0.4880	0.59	0.2224	0.2776	1.14	0.3729	0.1271
0.04	0.0160	0.4840				1.15	0.3749	0.1251
0.05	0.0199	0.4801	0.60	0.2257	0.2743	1.16	0.3770	0.1230
0.06	0.0239	0.4761	0.61	0.2291	0.2709	1.17	0.3790	0.1210
0.07	0.0279	0.4721	0.62	0.2324	0.2676	1.18	0.3810	0.1190
0.08	0.0319	0.4681	0.63	0.2357	0.2643	1.19	0.3830	0.1170
0.09	0.0359	0.4641	0.64	0.2389	0.2611			
			0.65	0.2422	0.2578	1.20	0.3849	0.1151
0.10	0.0398	0.4602	0.66	0.2454	0.2546	1.21	0.3869	0.1131
0.11	0.0438	0.4562	0.67	0.2486	0.2514	1.22	0.3888	0.1112
0.12	0.0478	0.4522	0.68	0.2517	0.2483	1.23	0.3907	0.1093
0.13	0.0517	0.4483	0.69	0.2549	0.2451	1.24	0.3925	0.1075
0.14	0.0557	0.4443				1.25	0.3944	0.1056
0.15	0.0596	0.4404	0.70	0.2580	0.2420	1.26	0.3962	0.1038
0.16	0.0636	0.4364	0.71	0.2611	0.2389	1.27	0.3980	0.1020
0.17	0.0675	0.4325	0.72	0.2642	0.2358	1.28	0.3997	0.1003
0.18	0.0714	0.4286	0.73	0.2673	0.2327	1.29	0.4015	0.0985
0.19	0.0753	0.4247	0.74	0.2704	0.2297			
			0.75	0.2734	0.2266	1.30	0.4032	0.0968
0.20	0.0793	0.4207	0.76	0.2764	0.2236	1.31	0.4049	0.0951
0.21	0.0832	0.4168	0.77	0.2794	0.2206	1.32	0.4066	0.0934
0.22	0.0871	0.4129	0.78	0.2823	0.2177	1.33	0.4082	0.0918
0.23	0.0910	0.4090	0.79	0.2852	0.2148	1.34	0.4099	0.0901
0.24	0.0948	0.4052				1.35	0.4115	0.0885
0.25	0.0987	0.4013	0.80	0.2881	0.2119	1.36	0.4131	0.0869
0.26	0.1026	0.3974	0.81	0.2910	0.2090	1.37	0.4147	0.0853
0.27	0.1064	0.3936	0.82	0.2939	0.2061	1.38	0.4162	0.0838
0.28	0.1103	0.3897	0.83	0.2967	0.2033	1.39	0.4177	0.0823
0.29	0.1141	0.3859	0.84	0.2995	0.2005			
			0.85	0.3023	0.1977	1.40	0.4192	0.0808
0.30	0.1179	0.3821	0.86	0.3051	0.1949	1.41	0.4207	0.0793
0.31	0.1217	0.3783	0.87	0.3078	0.1922	1.42	0.4222	0.0778
0.32	0.1255	0.3745	0.88	0.3106	0.1894	1.43	0.4236	0.0764
0.33	0.1293	0.3707	0.89	0.3133	0.1867	1.44	0.4251	0.0749
0.34	0.1331	0.3669				1.45	0.4265	0.0735
0.35	0.1368	0.3632	0.90	0.3159	0.1841	1.46	0.4279	0.0721
0.36	0.1406	0.3594	0.91	0.3186	0.1814	1.47	0.4292	0.0708
0.37	0.1443	0.3557	0.92	0.3212	0.1788	1.48	0.4306	0.0694
0.38	0.1480	0.3520	0.93	0.3238	0.1762	1.49	0.4319	0.0681
0.39	0.1517	0.3483	0.94	0.3264	0.1736			
			0.95	0.3289	0.1711	1.50	0.4332	0.0668
0.40	0.1554	0.3446	0.96	0.3315	0.1685	1.51	0.4345	0.0655
0.41	0.1591	0.3409	0.97	0.3340	0.1660	1.52	0.4357	0.0643
0.42	0.1628	0.3372	0.98	0.3365	0.1635	1.53	0.4370	0.0630
0.43	0.1664	0.3336	0.99	0.3389	0.1611	1.54	0.4382	0.0618
0.44	0.1700	0.3300				1.55	0.4394	0.0606
0.45	0.1736	0.3264	1.00	0.3413	0.1587	1.56	0.4406	0.0594
0.46	0.1772	0.3228	1.01	0.3438	0.1562	1.57	0.4418	0.0582
0.47	0.1808	0.3192	1.02	0.3461	0.1539	1.58	0.4429	0.0571
0.48	0.1844	0.3156	1.03	0.3485	0.1515	1.59	0.4441	0.0559
0.49	0.1879	0.3121	1.04	0.3508	0.1492			
			1.05	0.3531	0.1469	1.60	0.4452	0.0548
0.50	0.1915	0.3085	1.06	0.3554	0.1446	1.61	0.4463	0.0537
0.51	0.1950	0.3050	1.07	0.3577	0.1423	1.62	0.4474	0.0526
0.52	0.1985	0.3015	1.08	0.3599	0.1401	1.63	0.4484	0.0516
0.53	0.2019	0.2981	1.09	0.3621	0.1379	1.64	0.4495	0.0505
0.54	0.2054	0.2946				1.65	0.4505	0.0495
0.55	0.2088	0.2912	1.10	0.3643	0.1357	1.66	0.4515	0.0485

正規分布の面積

z 値	0.5−上側	上側確率	z 値	0.5−上側	上側確率	z 値	0.5−上側	上側確率
1.67	0.4525	0.0475	2.11	0.4826	0.0174	2.56	0.4948	0.0052
1.68	0.4535	0.0465	2.12	0.4830	0.0170	2.57	0.4949	0.0051
1.69	0.4545	0.0455	2.13	0.4834	0.0166	2.58	0.4951	0.0049
			2.14	0.4838	0.0162	2.59	0.4952	0.0048
1.70	0.4554	0.0446	2.15	0.4842	0.0158			
1.71	0.4564	0.0436	2.16	0.4846	0.0154	2.60	0.4953	0.0047
1.72	0.4573	0.0427	2.17	0.4850	0.0150	2.61	0.4955	0.0045
1.73	0.4582	0.0418	2.18	0.4854	0.0146	2.62	0.4956	0.0044
1.74	0.4591	0.0409	2.19	0.4857	0.0143	2.63	0.4957	0.0043
1.75	0.4599	0.0401				2.64	0.4959	0.0041
1.76	0.4608	0.0392	2.20	0.4861	0.0139	2.65	0.4960	0.0040
1.77	0.4616	0.0384	2.21	0.4864	0.0136	2.66	0.4961	0.0039
1.78	0.4625	0.0375	2.22	0.4868	0.0132	2.67	0.4962	0.0038
1.79	0.4633	0.0367	2.23	0.4871	0.0129	2.68	0.4963	0.0037
			2.24	0.4875	0.0125	2.69	0.4964	0.0036
1.80	0.4641	0.0359	2.25	0.4878	0.0122			
1.81	0.4649	0.0351	2.26	0.4881	0.0119	2.70	0.4965	0.0035
1.82	0.4656	0.0344	2.27	0.4884	0.0116	2.71	0.4966	0.0034
1.83	0.4664	0.0336	2.28	0.4887	0.0113	2.72	0.4967	0.0033
1.84	0.4671	0.0329	2.29	0.4890	0.0110	2.73	0.4968	0.0032
1.85	0.4678	0.0322				2.74	0.4969	0.0031
1.86	0.4686	0.0314	2.30	0.4893	0.0107	2.75	0.4970	0.0030
1.87	0.4693	0.0307	2.31	0.4896	0.0104	2.76	0.4971	0.0029
1.88	0.4699	0.0301	2.32	0.4898	0.0102	2.77	0.4972	0.0028
1.89	0.4706	0.0294	2.33	0.4901	0.0099	2.78	0.4973	0.0027
			2.34	0.4904	0.0096	2.79	0.4974	0.0026
1.90	0.4713	0.0287	2.35	0.4906	0.0094			
1.91	0.4719	0.0281	2.36	0.4909	0.0091	2.80	0.4974	0.0026
1.92	0.4726	0.0274	2.37	0.4911	0.0089	2.81	0.4975	0.0025
1.93	0.4732	0.0268	2.38	0.4913	0.0087	2.82	0.4976	0.0024
1.94	0.4738	0.0262	2.39	0.4916	0.0084	2.83	0.4977	0.0023
1.95	0.4744	0.0256				2.84	0.4977	0.0023
1.96	0.4750	0.0250	2.40	0.4918	0.0082	2.85	0.4978	0.0022
1.97	0.4756	0.0244	2.41	0.4920	0.0080	2.86	0.4979	0.0021
1.98	0.4761	0.0239	2.42	0.4922	0.0078	2.87	0.4979	0.0021
1.99	0.4767	0.0233	2.43	0.4925	0.0075	2.88	0.4980	0.0020
			2.44	0.4927	0.0073	2.89	0.4981	0.0019
2.00	0.4772	0.0228	2.45	0.4929	0.0071			
2.01	0.4778	0.0222	2.46	0.4931	0.0069	2.90	0.4981	0.0019
2.02	0.4783	0.0217	2.47	0.4932	0.0068	2.91	0.4982	0.0018
2.03	0.4788	0.0212	2.48	0.4934	0.0066	2.92	0.4982	0.0018
2.04	0.4793	0.0207	2.49	0.4936	0.0064	2.93	0.4983	0.0017
2.05	0.4798	0.0202	2.50	0.4938	0.0062	2.94	0.4984	0.0016
2.06	0.4803	0.0197	2.51	0.4940	0.0060	2.95	0.4984	0.0016
2.07	0.4808	0.0192				2.96	0.4985	0.0015
2.08	0.4812	0.0188	2.52	0.4941	0.0059	2.97	0.4985	0.0015
2.09	0.4817	0.0183	2.53	0.4943	0.0057	2.98	0.4986	0.0014
			2.54	0.4945	0.0055	2.99	0.4986	0.0014
2.10	0.4821	0.0179	2.55	0.4946	0.0054	3.00	0.4987	0.0013

付表B　t値の臨界値

自由度	両側検定 片側検定	0.1 0.05	0.05 0.025	0.02 0.01	0.01 0.005
1		6.314	12.706	31.821	63.657
2		2.920	4.303	6.965	9.925
3		2.353	3.182	4.541	5.841
4		2.132	2.776	3.747	4.604
5		2.015	2.571	3.365	4.032
6		1.943	2.447	3.143	3.707
7		1.895	2.365	2.998	3.499
8		1.860	2.306	2.896	3.355
9		1.833	2.262	2.821	3.250
10		1.812	2.228	2.764	3.169
11		1.796	2.201	2.718	3.106
12		1.782	2.179	2.681	3.055
13		1.771	2.160	2.650	3.012
14		1.761	2.145	2.624	2.977
15		1.753	2.131	2.602	2.947
16		1.746	2.120	2.583	2.921
17		1.740	2.110	2.567	2.898
18		1.734	2.101	2.552	2.878
19		1.729	2.093	2.539	2.861
20		1.725	2.086	2.528	2.845
21		1.721	2.080	2.518	2.831
22		1.717	2.074	2.508	2.819
23		1.714	2.069	2.500	2.807
24		1.711	2.064	2.492	2.797
25		1.708	2.060	2.485	2.787
26		1.706	2.056	2.479	2.779
27		1.703	2.052	2.473	2.771
28		1.701	2.048	2.467	2.763
29		1.699	2.045	2.462	2.756
30		1.697	2.042	2.457	2.750
40		1.684	2.021	2.423	2.704
60		1.671	2.000	2.390	2.660
120		1.658	1.980	2.358	2.617
∞		1.645	1.960	2.326	2.576

付表C　χ^2の臨界値

df		有意水準	
	0.1	0.05	0.01
1	2.706	3.841	6.635
2	4.605	5.991	9.210
3	6.251	7.815	11.345
4	7.779	9.488	13.277
5	9.236	11.071	15.086
6	10.645	12.592	16.812
7	12.017	14.067	18.475
8	13.362	15.507	20.090
9	14.684	16.919	21.666
10	15.987	18.307	23.209
11	17.275	19.675	24.725
12	18.549	21.026	26.217
13	19.812	22.362	27.688
14	21.064	23.685	29.141
15	22.307	24.996	30.578
16	23.542	26.296	32.000
17	24.769	27.587	33.409
18	25.989	28.869	34.805
19	27.204	30.144	36.191
20	28.412	31.410	37.566
21	29.615	32.671	38.932
22	30.813	33.924	40.289
23	32.007	35.172	41.638
24	33.196	36.415	42.980
25	34.382	37.652	44.314
26	35.563	38.885	45.642
27	36.741	40.113	46.963
28	37.916	41.337	48.278
29	39.087	42.557	49.588
30	40.256	43.773	50.892

R に関する参考文献

青木繁伸（2009）．R による統計解析．オーム社．
舟尾暢男（2008）．「R」Commander ハンドブック．オーム社．
ハイバーガー，R.M.・ノイヴィルト，E.／石田基広・石田和枝（訳）（2013）．Excel で R 自由自在．丸善出版．
村井潤一郎（2013）．はじめての R：ごく初歩の操作から統計解析の導入まで．北大路書房．
山田剛史・杉澤武俊・村井潤一郎（2008）．R によるやさしい統計学．オーム社．

索　引

■ 欧　文

Q　79
Q-Q プロット　127
t 検定　134
t 分布　47
α　36
ϕ 係数　69
χ^2 検定　62, 136
χ^2 分布　62

■ あ　行

値　1
ウェルチの検定　59

■ か　行

回帰直線　23
階級　12
確率分布　97
確率変数　95
確率密度関数　97
加算記号　86
片側検定　39
間隔尺度　2
観測度数　65
幹葉図　122
危険率　36
記述統計　1
規準化　17
期待値　97, 98
期待度数　65
帰無仮説　36
級間の幅　13
共分散　22
区間推定　103, 107, 108
クラメールの V　69
クラメールの連関係数　69
繰り返し測定　46
検出力　41
検定統計量　34
検定の多重性　61
検定力　41
コクランの Q 検定　77
五数要約　121
コルモゴロフ-スミルノフ検定　58

■ さ　行

最小値　114
最小2乗法　23
最大値　114
最頻値　9
参加者間要因　46
参加者内要因　46
参加者マッチング　57
残差　74
残差分析　74
算術平均値　5
散布図　21
散布度　9
実現度数　65
質的変数　4
四分位範囲　11, 120
尺度　1
尺度水準　1
シャピロ-ウィルクの検定　58
従属変数　4
縮約　88
順序尺度　2
剰余変数　4
真の限界　12
信頼区間　107
信頼係数　108
信頼水準　108
水準　46
スチューデントの t 分布　48

スピアマンの順位相関係数　22
正確確率法　77
正規分布　18
正に歪んだ分布　14
説明変数　4
尖度　15, 123
相関　21
総和　114

■ た　行

代表値　4
対応のあるデータ　46
対応のないデータ　46
対立仮説　36
段階法　81
中央値　8, 114
抽出　26
中心極限定理　31
中心的傾向　5
中心点　13
調整済み残差　74
調整済み有意水準　81
調和平均　7, 119
適合性の検定　65, 136
データ　1
データフレーム　115
点推定　103
統計的仮説検定　32
統計量　28
得点限界　13
独立性　67
独立でないデータ　46
独立のデータ　46
独立変数　4
度数　4
度数多角形　13, 14, 127
度数分布表　12

■ な　行

二項検定　77, 139
ノンパラメトリック検定　60, 65

■ は　行

背理法　37
箱ひげ図　124
外れ値　8
パーセンタイル得点　119
バートレットの検定　59
パラメトリック検定　60, 65
範囲　9
ピアソンの積率相関係数　21
ヒストグラム　13, 124
標準化　16
標準化残差　74
標準誤差　30, 108
標準正規分布　20
標準得点　17, 120
標準偏差　10, 29, 91, 114
標本　26
標本抽出分布　28
標本標準誤差　108
標本分散　10
標本分布　28
比率尺度　3
比率の等質性の検定　137
比例尺度　3
フィッシャーの正確確率検定　138
負に歪んだ分布　14
不偏推定値　10
分位数　11
分割表　63
分散　10, 99, 114
分布　14
分類変数　46
平均　5, 97
平均値　5, 114
ベクトル　114
偏差　7
偏差値　18
変数　1
　—の独立性の検定　137
母集団　26
母数　28
母分散の不偏推定値　104

■ま 行

マクニマーの検定　76
マンホイットニーの U 検定　59
密度　95
無作為抽出　28
名義尺度　2
名義水準　81
名目上の下限　12
名目上の上限　12
モーメント　6
目的変数　4

■や 行

有意確率　132
有意水準　36

■ら 行

ライアン法　80
両側検定　39
量的変数　4
理論度数　65
臨界域　38
臨界値　37, 133
累積度数　13
連関　69

■わ

歪度　15, 123

要因　46
要因計画　46

著者略歴

嶋崎 恒雄（1〜5章，補遺）
しまざき つねお

1981年　関西学院大学文学部心理学科卒業
1986年　関西学院大学大学院文学研究科
　　　　博士課程後期課程心理学専攻単位
　　　　取得満期退学
1989年−91年　日本学術振興会特別研究員
　　　　（北海道大学）
1992年　関西学院大学文学部専任助手
2003年　関西学院大学文学部教授

主要著訳書

「心理学の基礎」（分担執筆，培風館）
「学習心理学における古典的条件づけの理論」
　　　　　　　　　　　　（分担執筆，培風館）
「意思決定と経済の心理学」
　　　　　　　　　　　　（分担執筆，朝倉書店）
「感情心理学」（分担訳，ナカニシヤ出版）

三浦 麻子（1章）
みうら あさこ

1992年　大阪大学人間科学部卒業
1995年　大阪大学大学院人間科学研究科
　　　　博士後期課程中途退学
1996年　大阪大学人間科学部助手
2004年　神戸学院大学人文学部助教授
2009年　関西学院大学文学部教授

主要著訳書

「人文・社会科学のためのテキストマイニング
　　　　（改訂新版）」（共著，誠信書房）
「インターネット心理学のフロンティア」
　　　　　　　　　　　　（共著，誠信書房）
「グラフィカル多変量解析（増補版）」
　　　　　　　　　　　　（共著，現代数学社）
「心理学研究法の新しいかたち」
　　　　　　　　　　　　（分担執筆，誠信書房）

Ⓒ 嶋崎恒雄・三浦麻子　2015

2015年5月12日　初版発行

現代心理学シリーズ 11
心理統計 I
記述統計と t 検定

著　者　嶋崎恒雄
　　　　三浦麻子
発行者　山本　格

発行所　株式会社　培風館
東京都千代田区九段南 4-3-12・郵便番号102-8260
電話(03)3262-5256(代表)・振替00140-7-44875

東港出版印刷・牧　製本

PRINTED IN JAPAN

ISBN978-4-563-05751-0　C3311